인간의 시대에 오신 것을 애도합니다

인간의 시대에 오신 것을 애도합니다

더 늦기 전에 시작하는
위기의 지구를 위한 인류세 수업

서가
명강
39

박정재 지음

서울대학교
지리학과 교수

21세기북스

인문학

人文學, Humanities

철학, 역사학, 종교학, 문학,
고고학, 미학, 언어학

사회과학

社會科學, Social Science

경영학, 정치학, 사회학,
심리학, 외교학, 지리학
경제학, 법학

자연과학

自然科學, Natural Science

과학, 수학, 의학, 물리학,
지구과학, 화학, 생물학

지리학

地理學, geography

공학

工學, Engineering

기계공학, 전기공학, 컴퓨터공학,
재료공학, 건축공학, 산업공학

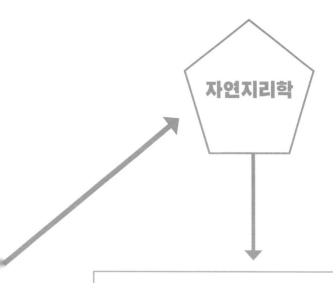

자연지리학

자연지리학이란?
自然地理學, physical geography

자연지리학은 에너지, 공기, 물, 날씨, 기후, 지형, 토양, 동물, 인간, 식물,
미생물 등 지구의 자연환경을 구성하는 모든 요소를 분석하고 이들 간의
상호 작용을 연구하는 학문이다. 융복합적 성격이 강한 자연지리학은
20세기 중반 현대 학문의 세분화 경향에 휩쓸려 그 자리를 잃었으나,
다양한 위기로 점철된 인류세 시대를 맞아 다시 살아났다. 지구를 하나의
통합된 시스템으로 보는 자연지리학은 우리가 직면한 환경위기의 복합성을
이해하는 데 필요한 혜안을 제시한다.

이 책을 읽기 전에 주요 키워드

황금못Golden Spike

국제층서위원회는 층서학적인 변화가 뚜렷하여 특정 지질시대의 시작을 명확히 보여주는 장소를 찾아, 이를 표준층서구역GSSP으로 지정한다. 그 표식이 황금색 못의 형태를 띠고 있기 때문에 표준층서구역을 황금못이라는 별칭으로도 부른다. 현 지질시대인 홀로세 세 번째 절의 황금못 지점은 인도의 메갈라야동굴이며, 이 책의 주제인 인류세의 황금못 후보지로 가장 유력한 곳은 캐나다 온타리오주州에 있는 크로퍼드호수이다.

탄소 중립

인간 사회의 탄소 배출량을 감축하고 과학기술을 통해 탄소 흡수량을 늘림으로써 탄소의 순 배출량을 '0'으로 만드는 것을 탄소 중립 혹은 '넷제로Net-Zero'라고 한다. 한국을 포함한 많은 국가들이 탄소 배출을 줄이고 국제협력을 강화하여 2050년까지 탄소 중립을 달성하겠다고 선언했다.

티핑 포인트tipping points

작은 변화들이 쌓이다가 갑자기 균형이 깨지면서 비선형적이고 비가역적인 변화로 이어지는 특정한 임계점을 말한다. 가령 어떤 수치 이상으로 지구의 기온이 오르는 순간 지구가 다시 정상으로 돌아갈 가능성이 완전히 사라진다면 그 수치를 티핑 포인트라고 할 수 있다.

엘니뇨El Niño 현상

무역풍이 약해지면서 열대 중태평양과 동태평양의 해수면 온도가 평년에 비해 높아지고 강수량도 증가하는 현상을 말한다. 엘니뇨는 스페인어로 남자아이(아기 예수)를 뜻한다. 보통 성탄절 즈음에 이 현상이 발생하므로 엘니뇨라는 이름이 붙게 되었다. 엘니뇨 현상으로 동태평양의 해수면 온도가 높아질 때 반대로 서태평양의 해수면 온도는 낮아지고 강수량은 줄어든다.

생물 다양성 핫스폿

현재 전 세계 종 다양성의 감소가 심각하다. 지구 생태계의 회복력과 저항력을 유지하기 위해서는 남아 있는 동식물의 멸종을 최대한 막아야 하지만, 인간도 지구에서 살아가야 하므로 생태계 전체를 보호하기는 어렵다. 그래서 제시된 개념이 생물 다양성 핫스폿이다. 고유종이 풍부하면서 동시에 인구밀도가 높아 인간의 교란으로 멸종 위기에 빠진 종들이 많은 지역을 말하며, 이 지역을 집중적으로 관리하자는 방안이 대두되었다.

기후 정의Climate justice

지구온난화에 따른 손실과 피해가 사실상 작금의 지구온난화에 별로 기여하지 않은 사회·경제적 약자에게 집중된다는 점에 주목한 개념이다. 기후변화의 부담을 공정하게 나눠서 지고 사회의 양극화를 완화하는 데 초점을 맞춘 윤리적 접근 방식이다.

행성 경계Planetary Boundaries

지구위험한계선이라고도 부른다. 포츠담기후영향연구소의 요한 록스트룀 소장 및 28인의 과학자들이 2009년에 제시한 개념이다. 이들은 인류가 앞으로 계속 발전하고 번영하려면 아홉 개의 지표를 유념해야 한다고 주장한다. 이후 지표들은 수차례의 지엽적인 수정을 거쳤다. 2023년 발표에 따르면 현재의 지구는 아홉 개 지표 중 여섯 개 지표가 안정 경계를 넘을 만큼 위험한 상황이다.

가이아 이론

제임스 러브록이 1972년에 주창한 이론으로, 지구를 하나의 거대한 생명체로 바라본다. 이 이론에 따르면, 지구는 생물과 주변의 무생물 환경이 끊임없이 상호작용하는 공간이며, 마치 유기체와 같이 스스로 변화에 적응하고 진화한다. 참고로 가이아는 고대 그리스 신화에 나오는 대지의 여신 이름이다.

차례

1부 이토록 파괴적인 인간의 시대

2부 기후가 변하면 모든 것이 바뀐다

"지구를 살리는 것은 다른 비인간 존재가 해낼 수 있는 일이 아니다. 오직 호모 사피엔스만이 가능한 일이다. 이것이 바로 지금 인간이 다시 중심에 설 수밖에 없다는 이야기가 나오는 이유다."

영원할 것처럼 지구를 소비하는 당신에게

2024년 한국의 여름은 유난히 밤이 덥고 습했다. 전국 평균 열대야 일수는 20.2일로 이는 한국의 기상 관측 이래 최고 기록이었다. 평년 대비 세 배 이상 증가한 수치였다. 서울에서는 열대야가 34일 동안 멈추지 않고 이어졌다. 이 또한 최고 기록이었다. 잦은 열대야 탓인지 여름철 전국 평균 기온 또한 25.6°C로 평년보다 1.9°C나 높았다. 일 최고 기온이 33°C 이상이면 폭염이라 정의하는데, 서울 시민들은 27일의 폭염을 견뎌야 했다. 이는 역대 3위의 수치였다. 전문가들은 이러한 무더위의 이유를 북태평양 고기압과 티베트 고기압이 동시에 영향을 미치면서 한반도가 이른바 열돔에 갇혔기 때문이라고 이야기한다. 여기에 더해 한반도 주변의 해수면 온도 또한 이례적으로 높았다.

원인이 무엇이든 간에 이러한 고온 현상은 앞으로 더 자주 우리를 괴롭힐 가능성이 높다. 올해 여름이 가장 시원한 여름이 될 것이라는 우스갯소리가 예사말로 들리지 않는다.

현재 지구 평균 기온은 산업화 이전과 비교할 때 이미 $1.1°C$ 상승했다. 2016년 파리 협정에서 전 세계의 국가수반은 향후 기온 상승을 산업화 이전 대비 $1.5°C$ 이내로 막자는 합의를 이루어 낸 바 있다. 하지만 안타깝게도 파리 협정의 영향력은 이후에 심해진 국제 갈등과 탈세계화 경향으로 점점 약해지는 분위기이다. 과학자들의 첫 번째 마지노선인 $1.5°C$ 상승까지는 $0.4°C$밖에 남지 않았다. 현 상황은 이렇듯 녹록지 않지만 전 세계 모든 국가가 힘을 합쳐 2050년까지 탄소 중립을 이룬다는 또 다른 목표는 어찌됐든 이루어 내야 한다. 이대로 내버려 두면 앞으로 지구상에 어떤 위험한 일이 일어날지 알 수 없기 때문이다.

지구온난화는 기온 상승 외에도 다른 환경문제들을 연쇄적으로 유발하여 인류를 궁지로 몰아넣고 있다. 인간의 서식처 교란으로 이미 위험 수위에 놓인 생물 다양성 감소 문제가 지구온난화로 더욱 악화되고 있다. 모든 생물은 생태계 내에서 밀접하게 연결되어 각자의 역할을 수행한다. 사소해 보이는 종이라도 갑자기 사라지면 전체 생태계의 붕괴로까지 이어질 수 있다. 종 하나하나가 모두 중요하다. 생물 다양성이 줄어들면 생태계는 회복력과 저항력을 잃고 약해질 수밖에 없다.

생태계가 흔들리면 식량위기가 닥치면서 인간 사회도 위험에 빠질 가능성이 높다. 또한 생태계가 건강을 잃는 순간 지구 가이아의 자기조절 기능은 무력화된다. 최근 기상이변의 심각성을 볼 때 지구의 이 중요한 기능이 현재 한계로 내몰리고 있음을 알 수 있다. 생태계의 회복 없이는 우리가 맞닥뜨린 기후위기의 극복은 요원하다.

지구온난화와 종 다양성 감소 외에도, 대기오염, 하천오염, 토양오염, 해양오염 등 다양한 오염 문제는 여전히 많은 나라의 골칫거리이다. 식량위기에 따른 기후난민 문제도 앞으로 심화될 가능성이 크다. 빠른 시일 내에 기후위기만큼이나 난해한 국제사회의 최대 현안으로 대두될 것으로 본다.

여기서 우리가 반드시 유념해야 하는 사실이 있다. 인류에게 닥친 전 지구적 환경문제 가운데 기후위기가 가장 눈에 띄는 것은 맞지만, 이것만 막아서는 인류의 지속 가능성을 담보할 수 없다는 점이다. '인류세'는 기후위기를 포함한 모든 환경문제를 포괄적으로 바라보는 시각을 제공한다. 지구온난화 문제를 해결하려다 다른 환경위기를 증폭시킨다면 인류의 앞날은 더욱 어두워질지 모른다.

'인류세' 논의는 우리가 현재 직면한 환경문제를 이해하고 그 진정한 해결을 이끌 방법일 것이다. '인류세'는 '기후위기'나 '기후 비상사태'와 같이 기후변화를 강조하는 단어들이 지닌 개념상의 한계를 지우는 새로운 학술용어이다. 인류가 앞으로의 위기를 풀어나가는 과정에서 '인류세'의 효용성은 점차 커질 것이라 생각한다.

'인류세'는 2000년에 네덜란드의 대기화학자인 파울 크뤼천이 강조하면서 학계에 등장했다. 그는 산업혁명 이후로 대기의 이산화탄소 농도가 높아지면서 지구의 기후환경이 뚜렷하게 변하기 시작했으므로 18세기 후반부터를 '인류세'라는 새로운 지질시대로 명명하자고 제안했다.

이 용어에는 인류가 지구환경에 가한 과거의 과오를 깨닫고 지구의 지속 가능성을 회복시키는 방안을 찾아 능동적으로 움직이자는 주장이 담겨 있다. 인류가 단견에 사로

잡혀 지구를 훼손해 온 것이 사실이지만 지구를 건강한 상태로 되돌리는 것도 우리 인류의 힘으로 충분히 가능하리라는 희망을 담고 있기도 하다.

처음 인류세라는 용어를 생각해 낸 자연과학자들은 물론 지구과학과는 동떨어진 인문사회과학 분야 학자들 또한 인류세라는 새로운 지질시대의 구분을 반긴다. 오히려 인문사회과학자들이 인류세와 관련된 연구를 더 활발하게 전개하는 추세다. 현 환경위기의 본질을 정확히 꿰뚫고 있는 학자라면 인류세 개념이 갖는 효용성을 그냥 지나치기 어렵다.

이 책에서는 우선 인류세의 유래를 설명하고(1부), 인류세의 가장 중요한 이슈라 할 수 있는 기후위기(2부)와 생물종 다양성 문제(3부)의 심각성을 돌아본 후, 마지막으로 미래의 환경위기를 극복할 수 있는 방안을 논하는(4부) 순서로 이야기를 전개하고자 한다. 그럼 지금부터 인류세의 과학적 의미와 사회적 함의가 무엇인지 알아보도록 하자.

2024년 12월

박정재

1부

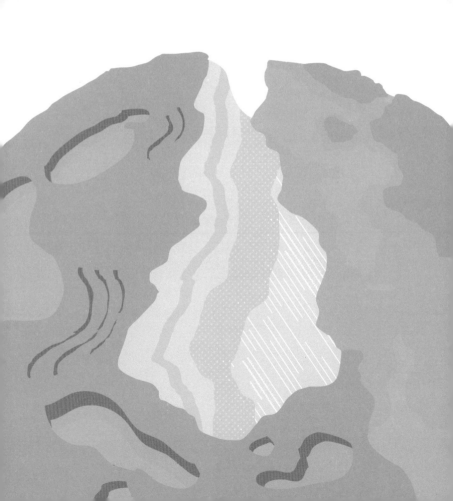

이토록
파괴적인

인간의
시대

산업화 이후 인간이 자연을 교란하고 훼손시킴으로써 지구환경은 급격한 변화를 겪고 있다. 기온 상승과 생물 다양성 감소 등 전 지구적으로 환경 위기가 가시화되자 이 시대를 '인류세'로 정의하자는 논의가 대두되었다. 인류가 지금 맞닥뜨린 그리고 앞으로 맞게 될 지구 환경 위기를 이보다 더 효과적으로 표현하는 용어는 없을 것이다.

하나의 종이 추동하는
이례적인 지질시대

지금 지구는 빠르고 확실하게 변하고 있다

현재 지구의 기온 상승은 누구나 느낄 수 있을 만큼 가파른 속도로 진행되고 있다. 최근 대중 매체에서 기후 문제를 다룰 때 인류세라는 익숙지 않은 단어가 심심치 않게 등장하는 것을 눈여겨본 독자들이 있을 것이다. 인류세人類世와 기후위기는 서로 밀접하게 연결되어 있다.

인간이 자연환경을 뚜렷하게 변형시킨 시기를 인류세라 한다면, 인류세를 대표하는 경관으로는 어떠한 것들이 있을까? 엄청난 규모의 대도시와 수많은 빌딩, 끝도 없이 펼쳐진 농경지, 다량의 화석에너지를 공급하는 탄광이나 유전, 끊임없이 물건을 만들어 내는 공장 등이 머릿속에 떠

오르는가? 당신은 그래도 인류세의 긍정적인 면을 보려고 하는 사람이다. 이런 경관들은 인간이 신석기시대 농업혁명 이후 지금까지 이룬 경제적 성취를 극명하게 보여준다.

하지만 인류세를 부정적인 관점으로 보게 되면 심하게 교란된 자연환경만 연상될 뿐이다. 공장 굴뚝에서 나오는 매연, 지하수 과용으로 말라버린 호수, 복잡하게 얽힌 도로망에 잘린 마을, 해안으로 밀려 온 플라스틱 쓰레기, 산불로 황폐화한 산림 등 모두 우리를 우울하게 만드는 모습들이다.

사실 인류세는 번영하는 도시와 같은 긍정적인 이미지보다는 환경 훼손과 같은 부정적인 이미지를 더 많이 지닌다. 인류세라는 단어를 학자들이 제시한 이유도 인간이 자연환경을 무분별하게 훼손하면서 표출된 부작용을 어떻게든 완화시킬 필요성을 느꼈기 때문이었다.

인간이 자연환경을 심하게 파괴하면서 다양한 문제들이 나타나고 있다. 이대로 두면 지구 생태계뿐 아니라 인간 사회에도 큰 위협을 초래할 것이다. 인류세가 사회에서 빠르게 주목을 끈 이유는 작금의 환경위기에 경각심을 갖자는 단어의 사용 취지를 우리 모두가 인정했기 때문이었다.

과거 산업혁명 이전 인간은 자연적인 주기에 따라 발생하는 기후변화나 환경변화에 속수무책으로 당했다. 변화를 넘어서면 생존할 수 있었지만 그렇지 못하면 덧없이 사라졌다. 지금은 힘이 전개되는 방향이 정반대로 바뀌었다. 지구가 인간을 억압했던 과거와 달리 지금은 인간이 지구를 괴롭힌다.

인간의 활동이 지구의 기후와 생태계에 지배적인 영향을 미치는 인류세로 접어들었다. 사람들은 근대 이후 자연을 이용과 개발의 대상으로만 바라보면서 보존과 보호에는 상대적으로 무심했다. 인간의 욕심에는 끝이 없다. 자제를 못하자 결국 탈이 나고야 말았다. 지구온난화, 생물종 다양성 감소, 환경오염 등의 다양한 환경문제들이 우리 사회의 근간을 무너뜨리려 한다. 우리가 원인제공자이니 이에 대해 누구에게 원망할 수도 없다. 과거 수십 년간 자연을 과도하게 교란시킨 업보가 현대인의 어깨를 강하게 짓누르고 있다.

우리는 어깨 위에 놓인 인류세의 무게를 버티고 서 있을 수 있을까? 힘에 부쳐 쓰러지지 않으려면 인류는 앞으로 어떻게 살아가야 할까? 인류세에 점점 망가져 가는 지구환경을 우리는 어떻게 정상으로 돌릴 수 있을까? 이에 올바른 해답을 얻으려면 좀 더 진지해져야 한다. 지구의 미래에 대한 고민에서 그칠 것이 아니라 지구를 살리는 계획을 실제 행동으로 옮겨야 한다. 이미 많이 늦었는지도 모른다.

고기후학으로 보는 인류세의 대두

우리는 인류세를 흔히 '인간이 만들어 가는 새로운 지질시대'라고 표현한다. 인류세는 기후변화와 밀접한 관계가 있는 지질시대 이름이므로 인류세를 이해하려면 먼저 과거 지질시대의 기후변화는 어떠했는지 간략하게라도 알아둘 필요가 있다.

다음 그래프는 약 300만 년 전부터 지금까지의 기후변화를 보여준다. y축은 바다 밑에 쌓인 퇴적물의 안정산소 동위원소비로서, 위로 갈수록(수치가 감소할수록) 온난하고 아래로 갈수록(수치가 높아질수록) 한랭함을 나타낸다. 신생대는 258만 년 전을 기준으로 제3기와 제4기로 구분된다. 참고로 신생대 전의 중생대는 공룡과 같은 파충류가 지배했던 온난한 시기였다.

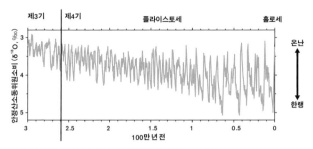

300만 년 전부터 지금까지의 기후변화를 보여주는 그래프

　　제3기는 신생대 내에서 상대적으로 따뜻한 시기였고 제
4기는 추운 시기였다. 제4기는 또 플라이스토세와 홀로세
로 나눠진다. 학자들이 말하는 빙하기는 제4기 혹은 플라
이스토세를 의미한다. 제4기에는 수많은 빙기와 수많은 간
빙기가 있었다. 빙기와 간빙기가 각각 30차례 가까이 반복
적으로 나타났는데, 홀로세는 그 수많은 간빙기들 가운데
하나로 우리가 현재 살고 있는 간빙기의 이름이다.

　　빙기는 한번 나타나면 평균 11만 년 정도 이어졌고, 간
빙기는 1만 년 정도 지속되었다. 에미안 간빙기라 부르는
마지막 간빙기가 약 13만 년 전에서 12만 년 전 사이에 있
었다. 그다음에 마지막 빙기가 12만 년 전부터 1만 1700년
전까지 있었다. 그리고 1만 1700년 전에 우리가 살고 있는

현 간빙기인 홀로세가 시작되었다.

　1만 1700년 전에 시작된 홀로세가 이미 1만 년 이상의 시간을 보냈음에도, 지구가 다음 빙기로 진입하려는 조짐은 전혀 없다. 현재 우리 모두 느끼듯이 오히려 온도는 오르고 있다. 지구환경에 큰 변혁이 일고 있는 것이다. 원인은 누차 이야기했듯이 인간이다. 이런 상황을 눈여겨 본 학자들 사이에서 지질시대를 새롭게 구분할 필요성이 대두되었다. 지구환경 문제의 심각성을 이제는 사람들에게 널리 알려야 한다는 의지의 표현이었다. 이에 학자들이 입에 올리기 시작한 단어가 바로 인류세이다.

세계 과학자들이 밝힌
인류세의 증거들

인류세가 학계에서 주목받은 지 이미 20년 이상 흘렀지만 인류세라는 단어를 정식 지질시대 명칭으로 받아들일 것인지 여부를 두고 지금까지도 많은 학자들이 논쟁을 거듭하고 있다. 의견이 쉽게 통일되지 않는 가장 큰 이유는 인류세의 시작 시점이 불분명하기 때문일 것이다. 이와 관련해서는 여러 의견들이 난립하는 중으로, 다음과 같이 시기에 따라 크게 네 가지 견해로 간추릴 수 있다.

시점 1: 농경의 시작과 이산화탄소의 증가

극지의 빙상에서 채취한 빙하 코어를 분석하면 지구상에서 대기 중 이산화탄소의 농도가 어떻게 변화해 왔는지 알 수 있다. 그린란드의 빙하 분석 자료는 지난 수만 년간의 이산화탄소 농도 변화를 잘 보여준다.

1만 8000년 전부터, 즉 마지막 빙기가 끝날 무렵부터 지구의 기온은 꾸준히 올랐다. 그러다가 1만 1700년 전 기온이 갑자기 오르면서 지구는 현 간빙기인 홀로세로 진입한다. 이러한 기온 변화는 이산화탄소 농도가 변화하는 모습과 유사했다. 즉, 기온이 높을 때 대체로 이산화탄소 농도도 높았다. 빙하 분석 자료는 지구온난화가 점점 뚜렷해지는 20세기에도 이산화탄소 농도가 급증하고 있음을 잘 보여준다.

그런데 홀로세 자료를 좀 더 면밀히 살펴보면 이 두 요소의 변화 양상에서 약간의 차이가 존재함을 알 수 있다. 기온은 홀로세 초기부터 홀로세 후기까지 전반적으로 떨어지는 반면, 이산화탄소 농도는 8000년 전부터 홀로세 후기로 갈수록 조금씩 증가하는 경향을 띠는 것이다. 이는 티그리스강과 유프라테스강 주변의 비옥한 초승달 지역에서 인류의 농경이 본격적으로 이뤄진 시기가 대략 8000년 전부터라는 일부 학자들의 견해와 연결된다.

농경을 하려면 농지를 조성하기 위해 삼림을 제거해야

한다. 또한 사람이 정착해야 하므로 집이 필요하다. 곧 마을이 형성되고 숲은 훼손된다. 농경의 규모가 커질수록 숲이 광범위하게 사라지면서 대기로 방출되는 온실가스의 양은 늘어난다.

즉 8000년 전부터 농경의 영향으로 대기의 이산화탄소 농도가 오르기 시작했으므로 이때가 인류세의 시작으로 적절하지 않겠느냐는 주장이다.

시점 2: 아시아에서 벼농사의 시작과 메탄가스의 증가

또 다른 의견을 살펴보자. 빙하 분석 결과에 따르면 대기의 메탄가스 농도는 5000년 전부터 꾸준히 상승곡선을 그려왔다. 5000~6000년 전은 아시아에서 벼 농경이 본격적으로 시작된 시기이다. 아열대 작물인 벼를 재배하려면 농지에 물을 대야 하므로 메탄가스가 많이 방출될 수밖에 없다.

논과 같은 습지의 바닥은 산소가 부족하여 혐기성嫌氣性 환경이 조성된다. 혐기성 미생물이 습지에 쌓인 영양물질을 분해하면 이산화탄소 대신 메탄가스가 생성되므로 논 면적이 늘어날수록 대기 중 메탄가스의 양은 늘게 된다.

실제 5000~6000년 전은 우리가 홀로세 기후 최적기라고 부르는 시기로, 홀로세 기간 중 가장 온난하고 습윤했던 기간이다. 따라서 대표적인 온실가스 가운데 하나인 메탄이 벼농사로 증가하면서 온난한 기후를 불러왔을 가능성도 배제할 수 없다. 인류세의 시작을 이 시점으로 잡자는 주장이 나오는 이유다.

인간의 영향이 미미했던 과거에는 대기의 기온, 이산화탄소 농도, 메탄 농도가 모두 유사한 변화 모습을 보였다. 이는 기온이 상승할 때 대기의 이산화탄소 농도와 메탄가스 농도 또한 대체로 높아지기 때문인데 그 자세한 인과관계는 복잡하므로 여기서 설명하지 않겠다. 그러나 홀로세에 들어 인간이 자연을 훼손하면서 이 세 수치의 변화 양상에 차이가 나타난다.

시점 3: 신대륙의 발견과 오르비스 스파이크

인류세의 시작 시점을 유럽인이 신대륙을 발견한 AD 1600년경으로 잡자는 의견도 있다. 1000년 전부터 현재까지의 기온과 이산화탄소 농도가 변하는 과정을 보면, 이들이 서로 다르게 변하는 시기가 두 차례 존재함을 알 수 있다.

첫 번째는 1610년으로서, 이 시기에 갑자기 대기 중 이산화탄소 농도가 줄어든다. 학자들은 이 변화를 오르비스 스파이크Orbis spike라 표현한다.

16세기 말에 콜롬버스가 아메리카 대륙을 발견하고 17세기에 들어 유럽인이 본격적으로 그곳으로 진출할 때 사람만 이동해 간 것이 아니었다. 유라시아의 다양한 인수공통 감염병, 즉 동물에서 비롯된 전염병들도 함께 건너갔다. 유라시아의 전염병에 면역력이 전혀 없었던 아메리카 원주민은 유럽인과 접촉하는 과정에서 감염되어 무수히 죽어나갔다. 이때 기존의 원주민들이 훼손했던 아메리카의 삼림이 원주민 숫자가 줄어들면서 대거 회복되었고, 이산화탄소가 다시 살아난 숲에 다량 흡수되면서 대기의 이산화탄소 농도는 눈에 띄게 감소했다. 1610년의 이 변화를 오르비스 스파이크라고 부른다. 당시 기온의 변화 모습과 비교할 때 확연하게 다르다.

또한, 18세기 후반에도 이산화탄소 농도가 기온과는 다른 변화 양상을 보였다. 이 시기에는 1610년과 반대로 이산화탄소 농도가 빠르게 증가했다. 산업혁명으로 대기에 이산화탄소가 많이 방출된 탓이었다. 노벨화학상 수상자인 네덜란드의 대기화학자 파울 크뤼천$^{Paul Crutzen}$(1933~)은 산업혁명이 인류세의 시작을 불러온 사건으로 적절하다고 보았다. 그는 2000년대 초반 학계에 '인류세'의 공식화를 처음 제안한 인물이다.

4부에서 좀 더 자세히 다루겠지만, 최근 인기를 끄는 철학 개념 가운데 포스트휴머니즘이라는 사조가 있다. 이 개념은 근대 이후의 생태계 파괴 원인을 오만한 인간중심주의에서 찾는다. 비판적 포스트휴머니즘 연구자들은 오르비스 스파이크 이후 17세기부터 인간이 자연을 본격적으로 훼손했다고 보는데, 이들의 주장을 한번 살펴보자.

앞에서 아메리카 대륙으로 넘어온 유럽인들 때문에 원주민 사이에서 전염병이 돌아 인구가 급격히 감소했음을 이야기한 바 있다. 유라시아와 아메리카 사이를 움직인 것은 사람과 바이러스뿐 아니라 여러 가축과 작물도 해당되었다. 밀, 보리, 쌀, 소, 양, 말 등 유라시아에서 순화된 동식물은 아메리카로, 옥수수, 감자, 토마토 같은 아메리카의 작물은 유라시아로 넘어갔다. 각 대륙에 따로 존재하던 생물이 한데 혼합되면서 전 세계의 생물은 균질화되었다. 이를 콜럼버스 교환$^{The Columbian Exchange}$이라 표현하는데, 이 교환은 그리 평등하지 않았다. 아메리카로 건너온 유럽인은 시간이 흐를수록 원주민의 터전을 노골적으로 탐했다. 일방향의 제국주의적 침략이었다.

아프리카나 아시아의 제국 식민지 또한 많은 피해를 입었다. 자국의 자원을 과도하게 수탈당했고 단순한 상품 판매 시장으로 전락했다. 식민지의 노동력은 지배국 자본의 팽창을 불러왔고, 축적된 자본은 식민지의 플랜테이션 농업을 자극했다. 농지 면적이 늘면서 자연환경은 더욱 훼손되었다. 특히 아메리카의 사탕수수 플랜테이션이 유럽인을 부유하게 만들었는데, 노예무역으로 데려온 아프리카 흑인들을 심하게 착취해서 얻은 결과였다. 유럽인의 자본 욕심은 멈출 줄 몰랐다. 무분별한 개발이 이어졌고 자연환경의 파괴는 계속되었다.

포스트휴머니즘을 지지하는 사람들은 사실 인류세라는 용어를 그리 반기지 않는다. 이들에게는 인류세가 마치 지구 생태계 파괴의 책임을 모든 인간이 함께 질 것을 강요하는 단어같이 느껴지기 때문이다. 이들은 작금의 환경문제는 모두 유럽의 백인 남성이 여성, 유색인, 비유럽인, 동물, 자연 등을 차별하고 수탈하는 과정에서 불거진 결과로 바라본다. 그리고 지질시대 이름에 '인류'를 붙이는 것 자체가 또 다른 오만함의 표출이라 여긴다.

그래서 일부 포스트휴머니즘 학자들은 인류세보다는 자본세나 플랜테이션세라는 이름을 더 선호한다. 이들은 다음에 설명할 20세기의 '대가속 시대'보다 오르비스 스파이크 이후의 17세기를 중시하는 경향이 있다.

시점 4: 대가속 시대와 방사능 낙진

많은 학자들이 인류세의 시작 시점으로 20세기 중반부터 시작된 대가속The Great Acceleration 시대를 꼽는다. 이 의견이 대세인 이유는 기온과 이산화탄소 농도의 증가 속도가 1950~1960년대부터 갑자기 빨라졌기 때문이다. 물론 이산화탄소 농도는 그 이전인 1800년경부터 증가하긴 했지만 1950년을 지나면서 상승 기조가 눈에 띄게 가팔라졌다.

1900년대의 방사능 낙진 농도 변화를 나이테 등을 통해 복원해 보면 대체로 1960년대에 최고치를 기록한다. 이는 서구 국가들이 1964년을 전후해서 핵실험을 자주 했기 때문이다. 당시 핵실험으로 나무 나이테, 습지 퇴적물, 빙하 등에 방사능 낙진이 많이 섞여 들어갔다.

지질학자들이 지질시대를 나눌 때 가장 중시하는 것이 층서학적인 변화다. 즉, 동시대에 생지화학적으로 변화하는 모습이 전 세계의 여러 퇴적층에서 뚜렷하게 관찰될 때 그 층을 기준으로 지질시대를 구분한다. 1960년대에 방사성 낙진 농도가 상승하는 것도 전 세계 여러 곳에서 확인되므로 학계에서 이를 층서 근거로 받아들일 여지는 충분하다. 일단 20세기 중반의 방사성 낙진층을 앞세운 대가속 시대는 지질시대의 시작으로 층서학적인 변화를 강조하는 학계의 까다로운 조건에 어느 정도 부합하는 것으로 보인다.

20세기 중반을 유력한 인류세 시작 시점의 후보로 보는 이유는 많다. 우선 20세기 중반에 대가속 시대라는 이름이 붙은 이유부터 살펴보자. 지구 생태계와 인간 사회의 변화가 이때부터 본격적으로 나타나기 시작한다. 가령 이산화탄소 농도, 아산화질소 농도, 메탄 농도, 지표 온도, 해양 산성화, 바다 어류 포획량, 연안 부영양화, 열대림 손실량, 경작지 면적, 생물종 다양성 등의 자연환경적인 측면과 인구, GDP, 에너지 사용량, 비료 소비량, 대형댐 수, 물 사용량, 종이 생산량, 자동차 수, 전화기 수, 국제 관광객 수 등의 경제사회적인 측면 모두 20세기 중반을 지나면서 증가 속도가 급격해지는 양상을 보인다. 이런 변화는 무엇보다도 20세기 중반의 뚜렷한 인구 증가에서 비롯된 것으로 추정된다.

다윈이 진화론을 구상하는 데 절대적인 영향을 미쳤던 맬서스는 그의 유명한 저서 《인구론》에서 어떤 사회든 인구를 조절하지 못해 결국에는 쇠락할 수밖에 없다고 설파했다. 사회가 발전하여 인구가 증가하게 되면 곧 식량이 부족해지면서 인구가 감소하는 과정이 반복된다는 것이었다. 그러나 맬서스의 이 가설은 이제 더는 유효하지 않다. 인구가 1950년 이후로 급속하게 늘었음에도 과거와 같이 인구가 감소할 기미는 없다.

그럼 맬서스의 가설이 맞지 않게 된 원인은 무엇일까? 주된 원인으로 녹색혁명의 성공이 지목된다. 품종 개량으로 농작물의 생산량이 크게 증가하고 질소 비료를 공장에서 대량 생산하자 식량 부족 문제는 사라졌다. 1950년 이후로 인구가 빠르게 증가했음에도 식량 수급에는 별다른 어려움이 없었다. 하지만 그렇게 인구가 늘면서 지구 생태계가 져야 하는 부담은 커져만 갔다.

지금 우리는
인류세 한가운데 있다

인류세의 황금못을 찾아서

학계가 인류세의 시작과 관련하여 합의를 이루는 것 외에 인류세의 공식화 과정에서 중요한 것이 한 가지 더 있다. 인류세의 층서적 변화가 명확히 보이는 대표 지점을 선정하는 일이다. 이는 지구가 새로운 지질시대로 진입했음을 가장 확실하게 보여주는 장소를 찾는 작업이다.

지질학자는 각 지질시대별로 그 시작 층이 뚜렷이 보이는 곳을 찾아 황금못Golden Spike으로 알려진 표식을 남긴다. 사실 이 표식의 정식 명칭은 국제표준층서구역GSSP인데, 황금못이라는 독특한 별칭으로 자주 부르는 이유는 실제 그 표식이 황금색의 못 형태를 띠고 있기 때문이다. 인류세 또한 명칭의 공식화 이전에 우선 황금못이 놓일 곳부터 결정할 필요가 있다. 참고로 현 지질시대인 홀로세의 시작을 보여주는 황금못은 현재 덴마크 코펜하겐의 한 실험실에 보관되어 있는 1만 1700년 전의 그린란드 빙하 시료에 놓여 있다.

그간 알려지지 않았던 생태계의 격변이 새롭게 확인되어 이를 기준으로 지질시대를 나눌 필요성이 제기되었다고 가정해 보자. 우선 그 격변의 층서학적 증거가 전 세계에 고루 분포하고 있어야 한다. 층서의 변화 시기 또한 공간적으로 엇비슷해야 한다. 장소마다 경계 층의 생성 시기가 다르다면 지질시대를 나누는 근거로 활용하기에 적합하지 않다.

만약 같은 시기의 변화가 전 세계에서 골고루 확인된다면 그 변화가 가장 뚜렷하게 보이는 지점을 골라 황금못을 박는다. 황금못은 그곳이 해당 지질시대를 대표하는 장소로 공식 인정받았음을 알리는 증표다.

그렇다면 현재 인류세의 황금못 지점으로 가장 적절하다고 여겨지는 곳은 어딜까? 지금까지 많은 후보지가 제시되었는데, 그중 학자들의 선호도가 가장 높은 곳은 캐나다

온타리오주에 있는 크로퍼드호수이다. 인류세워킹그룹^{AWG}
은 2023년 7월 투표를 거쳐 크로퍼드호수를 국제표준층서
구역^{GSSP}으로 골랐다. 전문가들이 보기에 이곳이 인류세를
대표하는 장소로 가장 낫다고 본 것이다. 그들은 왜 이런
결론에 도달한 것일까?

크로퍼드호수는 표면적은 작은 편이지만 깊이가 상당
하다. 호수가 깊기 때문에 바닥에는 산소가 희박하고 생물
이 거의 살지 못한다. 바닥 생물의 퇴적층 교란이 극히 드
물게 나타난다.

호수에서는 겨울이 되면 기온 하락으로 호수 표면의 온
도가 떨어지고 바람도 강해지면서 위아래의 호수물이 섞
이는 것이 일반적이다. 수온 저하로 밀도가 높아진 윗물이
바람의 영향까지 받아 아래로 내려가고 아랫물은 위로 올
라오는 순환이 일어나는 것이다.

그런데 크로퍼드호수는 표면적에 비해 깊이가 너무 깊
다. 호수 아랫부분에 있는 냉수의 밀도가 매우 높기 때문에
호수의 순환이 상부에서만 발생하며, 물의 순환이 일어나
지 않는 하부에는 산소가 부족한 혐기성 환경이 조성된다.
그 결과 크로퍼드호수의 바닥에는 생물의 교란 없이 시기

별로 차곡차곡 쌓인 퇴적물이 잘 보존되어 있다. 과거의 환경변화를 연구하는 학자들에게 이런 비교란 퇴적물은 하늘의 내려준 선물과도 같다.

크로퍼드호수가 인류세의 황금못 지점으로 선택된 이유는 이것 외에도 여러 가지가 있는데, 무엇보다도 이곳의 퇴적물이 바브층으로 이뤄져 있다는 사실이 가장 중요한 이유라 할 것이다. 바브층은 전 세계의 퇴적물 연구자들이 혈안이 되어 쫓는 꿈의 시료이다. 그럼 바브층이 무엇인지 지금부터 알아보도록 하자.

나의 멕시코 답사로 엿보는 크로퍼드호수의 의미

크로퍼드호수의 퇴적층은 바브Varve(호상점토縞狀粘土)로 이루어져 있다. 바브 퇴적층은 독특하게도 나이테와 같이 1년에 한 층씩 쌓인다.

바브 퇴적물은 사실 필자와도 관계가 깊다. 필자의 박사논문 자료를 멕시코 중부의 한 호수에서 얻은 바브 퇴적물을 분석하여 얻었기 때문이다. 당시 시추한 퇴적물을 육안으로 확인하면서 바브의 화려한 무늬에 감탄했던 기억이 생생하다.

현재 인류세의 황금못으로 유력하게 대두되고 있는 크로퍼드호수 또한 개인적으로 익숙한 곳이다. 가본 적은 없지만 이곳과 관련하여 많은 이야기를 들었다. 나의 박사 과정 지도교수였던 로저 번$^{Roger\ Byrne}$ 교수가 캘리포니아 버클리 대학 지리학과에 임용된 후 젊은 시절에 연구했던 곳이 바로 이곳이기 때문이다. 1970년대 초반 크로퍼드호수의 바브 퇴적물 분석을 주도했던 경험 때문인지 번 교수는 유독 바브 퇴적물에 관심이 많았다.

번 교수의 강력한 권유로 멕시코 호수의 바브층을 분석하여 학위 논문을 썼으니 결국 크로퍼드호수가 나의 박사 연구에도 영향을 미친 셈이다. 나는 '만약 인류세가 학계에 받아들여져서 현 시대를 인류세 크로퍼드절이라 부르는 날이 오면, 이 호수는 전 세계적으로 유명세를 타겠지?' 하는 생각을 가끔 하곤 한다. 그럴 때마다 5년 전 세상을 뜬 지도교수가 불현듯 떠오른다.

번 교수는 멕시코에 널려 있는 다양한 형태의 호수들과 거대한 화산을 특히 좋아했다. 나는 박사 연구를 위해 멕시코에 세 차례 방문했는데, 그때마다 지도교수가 함께 있었다. 한 번 방문할 때마다 한 달가량 체류했으므로 지도교수와 거의 석 달을 함께 생활한 셈이다. 우리가 한 일은 멕시코의 여러 호수를 돌아다니며 고무보트 두 개로 코어링 플랫폼을 만들고 그 위에서 코어링 기구를 내려 호수퇴적물을 끄집어 올리는 작업이었다. 물론 당시 나이가 60이 넘었던 지도교수는 호수 가장자리에서 앉아 쉬는 일이 많았지만, 그 나이에 그렇게 오랫동안 차를 타고 돌아다니는 것만 해도 결코 쉬운 일은 아니었을 것이다.

3년 동안 매년 여름에 이뤄진 우리의 멕시코 답사 여정은 엇비슷했다. 번 교수가 큰맘 먹고 새로 구입한 대형 픽업 트럭에 필요한 탐사 장비를 차에 한가득 싣고 학교를 나설 때면 우리는 모두 한껏 들떠 콧노래를 불렀다. 그러나 항상 나만은 마음 한 켠에서 이는 불안감을 지울 수 없었다. 이번 답사에서는 꼭 괜찮은 샘플을 확보해야 할 텐데 어떻게 될지 내심 걱정이 컸기 때문이었다. 깊은 호수 밑바닥에 쌓여 있는 퇴적물을 코어링하는 작업은 쉬운 일이 아니다. 실패하는 경우가 성공하는 경우보다 훨씬 많았다.

호수 중앙의 고무보트 플랫폼에서 퇴적물을 채취하는 작업은 마치 시지프스의 형벌 같았다. 코어링 기구를 호수 밑바닥에 떨어뜨리고 다시 올리는 일을 수차례 반복해도 퇴적물 없이 속이 빈 코어만 올라오는 경우가 대부분이었다. 가끔 코어에 퇴적물이 들어 있을 때가 있었지만 무엇 때문인지 교란이 되어 쓸 수 없는 상태였다. 수심이 보통 15m를 넘다 보니 기구가 수직으로 잘 떨어지질 않았다. 3년에 걸쳐 물이 차 있는 호수 대여섯 군데에서 퇴적물을 얻으려 시도했지만 모두 실패했다. 아쉬웠지만 나는 호숫물이 말라서 밑바닥이 드러난 두 곳의 호수에서 얻은 퇴적물을 분석하는 선에서 박사논문을 마무리했다. 세 곳의 호수에서 데이터를 얻겠다는 처음 목표를 달성할 수는 없었지만, 두 호수에서 얻은 자료가 꽤 괜찮아 나름대로 좋은 평을 받으며 졸업할 수 있었다.

번 교수는 같은 학과 교수들과는 으르렁거리며 자주 싸웠지만 모든 학생에게 항상 자애로웠다. 특히 보통의 교수와는 달리 연구 진행이 더뎌 좌절에 빠진 대학원생의 사기를 북돋는 데에 천부적인 자질이 있었다. 만 70세의 나이에도 연구에 몰두하는 그를 보면서 아직도 한참은 더 사시겠구나 생각했건만, 당뇨로 오래 시달린 탓이었는지 수년 전 애석하게도 세상을 등졌다는 소식을 전해 들었다. 비록 멀리 떨어져 있었지만 언제나 나에게는 든든한 버팀목과 같았는데 심한 충격을 느끼지 않을 수 없었다.

멕시코의 호수에서 자신의 수영 실력을 뽐내던 모습, 멋들어진 영국식 발음으로 학술 행사의 사회를 보던 모습, 매주 금요일 대학원생들과 호프 한잔하면서 자신이 좋아하던 축구팀 맨체스터 유나이티드의 문제를 장황하게 설명하던 그의 모습이 아직도 눈앞에 선하다.

크로퍼드호수 퇴적물에 인류의 핵실험 흔적이 남아 있다

크로퍼드호수에서 뽑아 올린 바브 퇴적물의 단면을 보면, 연한 색과 진한 색이 번갈아 가면서 나타난다. 연한 색은 여름철에, 진한 색은 겨울철에 쌓인 층이다. 여름에는 탄산염이 쌓이면서 밝은 색을 띠고, 겨울에는 유기물이 쌓이면서 어두운 색을 띠는 것이다.

여름철에는 호수의 식물성 플랑크톤이 활발하게 광합성을 하면서 호수 내 이산화탄소 농도가 감소한다. 그 결과 물속에서 탄산염이 생성되어 바닥에 쌓인다. 이는 석회암 동굴에서 석순과 종유석이 만들어지는 과정과 비슷하다. 석회암 지대에 비가 내리면, 비는 기본적으로 대기의 이산화탄소 때문에 약간의 산성을 띠므로 이 약산성의 빗물이 석회암을 녹이면서 지하로 스며든다. 그런데 간혹 땅속을 느리게 흐르던 토양수가 넓은 석회암 동굴을 만나는 경우가 있다. 이때 토양수 주변의 압력이 갑자기 낮아짐에 따라 물에 녹아 있던 이산화탄소가 빠져나가는 동시에 탄산염의 침전이 일어난다. 종유석이나 석순이 만들어지는 과정이다. 크로퍼드호수에서 여름철에 쌓이는 흰색 탄산염층도 광합성으로 호숫물의 이산화탄소 농도가 낮아질 때 형성되므로 석회암 동굴의 기기묘묘한 생성물이 만들어지는 원리와 다르지 않다.

한편, 겨울철에는 기온이 낮고 광량이 부족하여 식물성 플랑크톤이 정상적으로 광합성을 수행하기 어렵다. 이에 폐사한 플랑크톤의 잔해가 가라앉으면서 어두운 유기물층을 형성한다.

이와 같이 바브 퇴적물은 여름과 겨울에 쌓이는 퇴적층의 색깔이 뚜렷한 차이를 보인다. 이는 흡사 나무의 나이테를 연상시킨다. 나무 나이테 또한 여름철에는 밝고 두꺼운 층이, 겨울철에 어둡고 얇은 층이 생성되어 하나의 고리를 이루기 때문이다. 바브나 나이테는 1년에 고리가 하나씩 더해지므로 바깥쪽에서 안쪽으로 세어나가면 각 고리가

린콘데파란게오호수 전경(위), 필자의 박사논문 연구에 사용된 바브 퇴적물(가운데),
물으로 드러난 바브 퇴적층(아래)

만들어진 연대를 아주 정확히 밝힐 수 있다. 현대의 고환경, 고기후 전문가들이 특히 바브와 나이테를 분석 대상으로 선호하는 이유는 다른 데 있지 않다. 생성 연대를 정확히 알 수 있다는 것은 고환경 연구에서 가장 큰 이점이다.

앞서 말했듯이 필자 또한 바브 퇴적물을 연구해서 박사학위를 받았다. 앞의 사진은 필자의 박사과정 연구 장소였던 멕시코 과나하토주※의 린콘데파란게오호수와 이곳의 바브를 촬영한 것이다. 이 호수뿐 아니라 주변의 호수들 대부분이 이렇게 바닥을 드러내 놓고 있다. 지하수의 남용으로 호수의 수위가 급격히 낮아진 결과다. 사진 속에서 바브 퇴적물의 고리들이 선명하게 보인다. 필자는 이곳에서 퇴적물 코어를 시추한 후 저배율 현미경을 이용하여 위에서 아래로 고리를 하나씩 세면서 정확한 퇴적 연대를 얻었다.

다시 본론으로 돌아가서, 크로퍼드 호수 퇴적물의 분석 결과를 담고 있는 다음 그래프의 세 가지 항목을 보자. 급격한 변화가 모두 1950년경을 기점으로 나타나는 것을 알 수 있다. 그래프의 왼쪽 항목은 플루토늄의 변화를 보여주는데 시기별로 이곳의 방사능 낙진 양이 어떠했는지를 알 수 있다. 그래프에 나타나 있듯이 플루토늄은 1950년경부

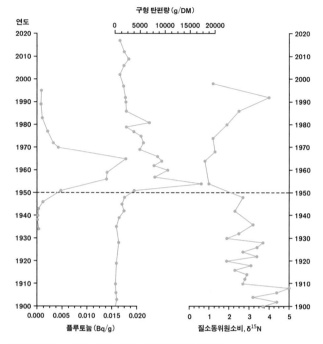

구형 탄편량 (g/DM)

크로퍼드호수의 퇴적물 분석 결과를 담은 그래프의 세 항목

터 증가하기 시작해서 1960년에 정점을 찍는다. 이때는 전 세계적으로 핵폭발 실험이 가장 활발했던 시기이다.

그래프의 가운데 항목은 구형 탄편량의 변화를 보여준 다. 일반적으로 나무나 풀이 산불로 타게 되면 그 재가 호 수나 습지에 쌓이게 되는데, 그것을 현미경으로 관찰하면

불규칙한 모양의 세포벽 같은 것을 볼 수 있다. 그런데 구형 탄편은 그 모양이 이와 다르다. 구형 탄편은 산불로 인한 재와 달리 화력발전소나 공장에서 방출된 검댕이가 바람에 날려 습지나 호수에 쌓인 것으로, 현미경으로 보면 동그란 구형이며 당연히 세포벽은 보이지 않는다. 1950년을 기점으로 증가하는 구형 탄편량은 이때부터 크로퍼드호수 주변에서 화석연료의 연소가 늘었다는 것을 암시한다.

한편 그래프의 오른쪽 항목은 질소동위원소비의 변화를 보여준다. 1950년을 기점으로 질소동위원소비가 감소하는 경향이 뚜렷한데, 이는 공장에서 대량 생산된 질소 비료가 이때 이후로 크로퍼드호수 주변 지역에 공급되었음을 의미한다. 공장에서 만들어진 질산염은 동식물의 부패 잔존물이나 배설물에 비해 질소동위원소비가 확연하게 낮다. 따라서 질소동위원소비의 수치 감소는 인공적으로 생산된 질산염 성분이 호수 밑에 쌓인 결과라 할 수 있다.

이와 같이 크로퍼드호수의 퇴적물을 분석해 보면 호수 주변 지역에서 1950년부터 많은 변화가 나타났음을 알 수 있다. 인류세의 황금못 지점으로 유력하게 대두되는 곳인 만큼 여러 퇴적물 분석 자료에서 1950년부터 급격하게 변화하는 모습이 선명하게 드러난다. 이때부터 인위적인 교란이 본격화된 것이다.

인류세의 황금못으로 크로퍼드호수가 두각을 나타낸 이유를 정리해 보자. 먼저 호수가 작고 수심이 깊기 때문에 호수 하부의 수온이 상부보다 매우 낮아서 물의 순환이 아래쪽까지 일어나지 않는다. 산소가 하부에 공급되지 않는데다 계절별로 쌓이는 물질도 달라 호수 바닥에 생물 교란이 없는 바브 퇴적층이 생성된다. 바브는 연대 정보의 신뢰성을 보증한다.

그리고 방사성 물질 농도, 질소동위원소비, 구형 단편량 등의 층서학적 변화가 1950년경을 기준으로 명확하게 보인다는 점도 크로퍼드호수가 높은 인기를 끌게 된 이유라 할 것이다. 1950년경은 학자들이 대가속 시대의 시작으로 간주하는 중요한 시기이다. 크로퍼드호수는 정확한 연대를 간직한 퇴적물 덕에 인류세의 시작으로 '대가속 시대'를 지지하는 전문가들의 전폭적인 지지를 얻을 수 있었다.

여기에 하나 더 추가하면, 사람들이 실제 거주하는 지역에 크로퍼드호수가 위치한다는 점을 들 수 있다. 일반적으로 고환경 연구자들은 분석 시료로 호수 퇴적물보다는 생성 연대를 더 정확하게 알 수 있는 석회암 동굴의 석순이나 빙하 코어를 선호한다. 그럼에도 인류세의 황금못으로 캐나다의 호수를 지지하는 이유는 인간의 영향이 호수 퇴적물에서 더 극명하게 드러나기 때문일 것이다. 과거의 자연스러운 기후변화를 복원할 때는 빙하 코어와 석순이 유용하겠지만 이런 시료를 분석하여 인간의 교란 역사를 추적하기란 쉽지 않다. 인간이 빙하가 있는 극지나 지하의 석회암 동굴에 직접적으로 영향을 미칠 일이 얼마나 있었겠는가.

인류세의 공식화를 향한 끝나지 않은 논쟁

2000년에 크뤼천이 인류세를 처음 주창한 이후 이것을 공식 학술용어로 사용할지를 두고 오랫동안 논의가 지지부진하게 이어졌다. 앞서 설명했듯이 인류세의 시작 시점과 대표 지점을 정하는 작업이 간단치 않았기 때문이다. 무엇보다 겨우 수백 년 혹은 수십 년 전에 시작되어 층서학적인 증거를 찾기 힘든 인류세를 하나의 지질시대로 간주하는 것에 거부감을 갖는 과학자들도 많았다. 그럼에도 인류세를 공식화하려는 전문가들의 노력에 힘입어 인류세가 정식 지질시대로 공표될 가능성이 높다는 전망이 2023년부터 학계와 언론에서 흘러나오기 시작했다. 일부 국내 언론은 2024년 세계지질과학 총회에서 인류세가 정식 지질시대로 비준을 받을 가능성이 높다고 보도했다. 마침 이 총회가 부산에서 열리기로 되어 있어 개인적으로는 인류세를 한국 사회에 자세히 알릴 수 있는 좋은 기회라 여겼다.

그러나 기대와 달리 2024년 3월 국제지질학연합^{IUG} 산하 제4기 층서소위원회에서 주관한 첫 투표에서 인류세 지정이 부결되었다. 소위원회에서 인류세 용어 도입안을 6주 동안 논의한 결과 반대 66퍼센트로 부결했다는 언론의 보도가 나왔다. 인류세 용어를 정식으로 도입하려는 일부 학자들의 시도는 일단 무산된 것이다. 이 용어가 공식화되기까지는 좀 더 시간이 필요할 듯하다. 이번에 부결되는 통에 최소한 10년은 더 기다려야 하는 상황이 되었다.

만약 이번에 인류세 도입 투표가 통과되었다면, 지금 우리가 사는 지질시대에 인류세 크로퍼드절이라는 새로운 이름이 부여되었을 것이다. 하지만 이 안건은 부결되었고 홀로세 메갈라야절이 현 지질시대의 자리를 그대로 유지하게 되었다. 홀로세는 세 개의 절로 나뉘는데, 이 가운데 마지막 세 번째 절이 메갈라야절이다. 메갈라야는 인도에 있는 석회암 동굴의 이름이다. 이곳의 석순에서 4200년 전의 기후변화가 명확히 확인되었기에 황금못의 지위를 얻었다. 4200년 전은 유라시아의 여러 지역에 심한 가뭄이 들면서 당시의 고대 문명들이 한꺼번에 소멸한 시기로 널리 알려져 있다.

그럼 여기서 인류세의 공식화가 좌절된 이유를 짚어보자. 인류세를 새로운 지질시대로 설정하기 위해서는 다른 지질시대들을 구분할 때도 그랬듯이 퇴적암이나 퇴적층에서 층서학적인 변화를 확인할 수 있어야 한다는 것이 학계가 제시한 최소한의 조건이다. 투표에 임한 학자들은 1950년을 기점으로 사회경제적인 변화나 자연환경적인 변화가 나타난 것은 사실이라고 인정했고 층서적 변화가 있다는 주장도 어느 정도 받아들였다.

그러나 인류세의 변화가 지질시대를 새롭게 구분할 정도의 사건이라고 보지는 않았다. 지구 역사 45억 년 동안 층서학적으로 명확한 흔적을 남긴 중요한 사건들, 가령 과거에 있었던 다섯 차례의 대멸종과 같은 격변은 지금의 인류세 변화보다 훨씬 큰 규모로 발생했다는 것이 인류세의 공식화를 반대하는 학자들의 생각이다.

또한 이들은 과거에 지질시대를 구분할 때 사용한 기준들이 있으니 인류세 또한 같은 기준에 따라 공식화 여부를 결정해야 한다는 논리를 내세운다. 그런데 그 기준이라는 것이 상당히 까다롭다. 이들은 1950~1960년대에 행해진 핵실험의 결과 방사성 낙진이 전 세계의 습지나 호수에 쌓여 있다는 사실과 이를 층서학적인 근거로 삼는 것에 별다른 이의를 달지 않는다.

이들이 문제 삼는 것은 그 핵실험이라는 것이 지구 생태계에 미친 영향이 그리 도드라지지 않는다는 점이다. 따라서 나무, 빙하, 퇴적물의 방사성 물질을 지질시대의 경계로 삼는 것은 부적절하다고 주장한다. 과거 지질시대를 구분할 때 경계로 삼았던 층들, 가령 대형 화산의 폭발이나 운석의 충돌을 보여주는 층이 이들에게는 지질시대를 구분하는 경계로서 더 적절하게 느껴지는 것이다.

그리고 회의 중에 대가속 시대가 아니라 산업혁명이 인류세의 시작을 이끌었다고 봐야 되지 않느냐는 견해도 다시 제기되었다고 한다. 지구 생태계에 영향을 미치기에는 대가속 시대가 너무 최근에 시작되었다는 것이다. 겨우

70여 년 전인 1950년부터 진행된 변화가 지구환경에 정말로 큰 변화를 일으키고 있는지 현 시대에서 판단이 어렵다는 주장이다. 여전히 인류세의 시작과 관련하여 논의의 진척은 더디기만 하다. 다람쥐 쳇바퀴 돌듯 같은 이야기만 되풀이되고 있다.

지구의 지질시대 대부분은 그 지질시대가 있고 수백만 년에서 수십억 년이 흐른 현 시대에 와서 층서학적 증거에 기반하여 구분한 것이다. 그렇지 않은 것은 1만 1700년 전에 시작한 홀로세뿐으로, 지질학자들이 보기에 홀로세 또한 예외적인 시대 구분이었다. 이들이 강조하는 층서학적인 변화를 홀로세 첫 번째 절의 황금못인 그린란드 빙하 코어에서 육안으로 확인하는 것은 불가능하다. 1만 1700년이라는 경계는 얼음을 화학적으로 분석해서 얻은 자료를 해석해서 내린 결론이다.

우리 사회에서 매우 중요한 의미를 갖는 '예외'라면 전통에 얽매이지 않고 과감하게 받아들이는 것도 괜찮지 않을까? 인류세가 예외적인 성격을 띠고 있다 해도 홀로세의 전례가 있는 만큼 충분히 정식 지질시대로 인정받을 만한 자격은 있다고 본다. 현재 인류세는 인간뿐 아니라 지구 생태계 전체의 위기를 초래하고 있지 않은가.

인문학자나 사회과학자는 앞으로의 환경위기가 인류의 생존을 결정할 만큼 중차대한 문제라 여기는 반면, 자연과학자는 그 정도로 심각하게 보지는 않는 듯하다. 공학에 종사하는 사람뿐 아니라 자연과학자 가운데 일부도 인류가 직면한 환경문제를 과학기술의 발전을 통해 충분히 해결할 수 있다고 믿는다. 물론 인문학자라 해서 항상 환경문제를 위기로 바라보고 자연과학자라 해서 언제나 과학기술을 신봉한다고 말하는 것은 절대 아니다. 단, 지금까지의 인류세 논의를 지켜볼 때 자연과학자와 인문사회과학자 사이에 인류세 위기를 접근하는 방식에 약간의 차이가 있음을 느낀다.

인류세의 공식화 작업은 결론적으로 실패했지만, 일부 자연과학자 그리고 대부분의 인문학자 및 사회과학자는 굴하지 않고 있다. 현대인들은 지구온난화에 따른 기상이변과 자연재해를 직접 겪거나 혹은 관련 소식을 전해 들으면서 인류세 위기를 체감하는 중이다. 누구나 지구에서 어떤 큰 변화가 일어나고 있음을 본능적으로 느낀다. 미래의 위기를 타개할 수단이 잘 보이지 않는다는 점도 인지하고 있으며 이를 우려한다.

지층에 남은 인위적인 환경 교란의 흔적, 가령 플라스틱, 닭뼈, 콘크리트, 알루미늄, 잔류 농약 등도 곳곳에서 확인된다. 인간은 매년 약 630억 마리의 닭을 소비하고 있다. 여기서 나올 엄청난 양의 닭뼈를 한번 생각해 보라. 이런 것들이 우리가 지금 새로운 지질시대로 접어들었음을 알려주는 증거가 아니면 달리 무엇이겠는가?

인류세라는 단어는 이미 사회에서 그 쓰임새를 인정받고 있다. 여전히 공식화 전이지만 학계에서뿐 아니라 일반인들 사이에서도 자주 사용하는 단어로 자리매김했다. 인류가 지금 맞닥뜨린 그리고 앞으로 맞게 될 지구환경 위기를 이보다 더 효과적으로 표현하는 용어는 없다는 것이 필자의 생각이다.

기후위기에서 기후난민까지, 전 지구적 환경문제에 대하여

지금 우리 인류에게 닥친 최대의 전 지구적 환경문제는 누가 뭐래도 지구온난화에 따른 기후위기라 할 것이다. 기온 상승은 전 세계 모든 사람들의 관심사다. 그런데 기후위기만 막으면 되는 것일까? 기후위기만 해결하면 우리는 안정을 되찾은 지구에서 지속 가능한 삶을 누릴 수 있는 걸까? 그렇지 않다. 기후위기 외에도 우리가 대응해야 하는 환경 문제들은 무수히 많다. 가령, 종 다양성의 감소나 멸종률 증가와 같은 생태계 위기도 심각하다.

토양오염, 대기오염, 수질오염, 하천오염, 해양오염 등 다양한 환경오염도 해결해야 한다. 봄철 맑은 날이면 우리를 괴롭히는 뿌연 미세먼지를 이대로 방치할 수는 없는 노릇이다. 그리고 기후위기, 생태계 위기, 환경오염은 모두 사람들의 이주를 부추긴다. 더 나은 곳을 찾아 움직이는 난민에게 우리는 인도적인 차원에서 혹은 경제적인 이득을 위해 새로운 거주 기회를 줄 것인가? 아니면 국론의 분열을 막기 위해 이들의 유입을 봉쇄할 것인가?

기후위기, 생태계 위기, 환경오염, 기후난민은 인류세를 상징하는 네 가지 중요한 속성이다. 이 가운데 어느 하나도 간단한 문제가 아니다. 기후위기는 인류가 저지른 과오의 일부일 뿐이다. 따라서 산업화 이전(1850~1900년)의 평균 기온을 기준으로 온도 상승을 $1.5°C$ 혹은 $2°C$ 이내로 막자는 단순한 목표에만 너무 초점을 맞추는 것은 바람직해 보이지 않는다. $1.5°C$와 $2°C$는 2016년 파리 협정에서 내건

'지구의 평균 상승 온도를 2°C 아래로 억제하고 가급적이면 1.5°C를 넘지 않도록 노력한다'는 합의에서 나온 수치일 뿐이다. 이 수치를 지지하는 과학적 근거가 확실한 것도 아니다.

파리 협정의 합의안은 1.5°C와 2°C를 일종의 임계점으로 간주하고, 이 수치를 넘어설 경우 지구의 기온이 비선형적으로 그리고 비가역적으로 변할지도 모른다는 우려를 담고 있다. 하지만 과학적 근거가 불분명한 목표를 달성하기 위해, 즉 이 수치를 지키기 위해 너무 무리한 정책을 펴다가 생태계 위기, 환경오염, 난민 문제 등을 악화시킬 개연성도 충분함을 항상 인식하고 있어야 한다.

네 종류의 인류세 위기는 서로 밀접하게 연관되어 있다. 기후위기만 강조할 것이 아니다. 이 위기 모두를 함께 개선할 수 있는 정책을 찾는 것이 앞으로의 시행착오를 줄일 수 있는 방법이다. 각각의 완전한 문제 해결은 더딜지 몰라도 말이다. 이런 면을 고려할 때 미래 인류를 실질적으로 돕는 방안은 지구온난화만을 강조하는 '기후위기' 논의가 아니라 전 지구적 환경문제 모두를 아우르는 '인류세' 논의라고 본다.

인간은 오랫동안 자연 위에 군림하면서 지구환경을 끊임없이 훼손하고 교란시켰다. 자신이 어떠한 문제를 일으키더라도 모두 해결할 수 있다는 자만심은 인간의 눈을 멀게 했다. 우리가 현재 목도 중인 지구온난화와 생태계 위기는 이러한 인간중심주의적 사고가 빚은 결과이다. 우선 지난 과오를 충분히 반성하고 그다음엔 지구환경을 정상으로 되돌릴 책임이 우리에게 있다는 점을 마음에 새겨야 한다. 지구의 환경위기가 심화될수록 인간의 도덕과 윤리는 더욱 중요해질 것이다. 실제 인류세 논의에서 가치 판단을 돕는 철학이 차지하는 비중은 절대적이다.

Q 묻고
A 답하기

지질시대는 어떻게 구분되는가?

지질학자들은 지구가 태어난 46억 년 전부터 현재까지를 퇴적암이나 퇴적물에 변화가 나타나는 층을 경계로 하여 지질시대를 구분했다. 전체 지구의 역사는 크게 선캄브리아시대, 고생대, 중생대, 신생대로 나뉘고 각 대는 다시 기, 세, 절의 순서로 나뉜다. 신생대는 온난했던 제3기와 한랭한 제4기로 구성되며, 제4기는 흔히 빙하기라 부르는 플라이스토세와 현 간빙기인 홀로세로 구성된다. 신생대의 하위 시대에 제3기와 제4기라는 엉뚱해

보이는 숫자가 붙은 것은 과거에 학자들이 중생대
를 제2기로, 고생대를 제1기로 불렀기 때문이다.
홀로세는 뚜렷한 기후변화가 있었던 8200년 전과
4200년 전을 기준으로 세 개의 절로 나뉘며, 마지
막 절의 명칭이 메갈라야절이다. 따라서 현재 우
리는 신생대 제4기 홀로세 메갈라야절에 살고 있
다고 말할 수 있다.

'인류세'라는 말은 어떻게 등장하게
되었는가?

인류세는 1980년대에 미국의 고생태학자인 유진
스토머Eugene F. Stoermer가 자신의 논문에서 처음 사
용했다. 그는 호수퇴적물에 포함된 규조류 화석
을 분석해서 과거의 호수 환경변화를 연구하는 학
자였다. 스토머는 고환경 분야에서 저명한 학자
였고 이미 자신의 논문에서 인류세를 수차례 사용
한 바 있었지만, 인류세는 노벨상 수상자 크뤼천

이 전 세계에 알릴 때까지 학자들 사이에서도 그리 익숙지 않은 단어였다.

평소 크뤼천은 인간의 영향이 과거에 비해 너무 커졌다는 생각에 사로잡혀 있었고, 현 지질시대를 계속 홀로세라고 부르는 것이 어색하다고 느꼈다. 그러다가 2000년 멕시코에서 열린 국제지구권생물권프로그램IGBP 회의에서 동료 학자들이 홀로세의 환경변화만 끝없이 언급하자 결국 불만을 참을 수 없었던 모양이다. 크뤼천은 현 인류는 홀로세가 아닌 새로운 시대에 살고 있다고 주장하면서 인류세라는 용어까지 즉석에서 만들어낸다.

그런데 이후 크뤼천이 인터넷으로 인류세를 검색해 보니 이 단어는 이미 고생태학자 스토머가 사용하는 중이었다. 크뤼천은 그에게 연락하여 인류세를 학계에 널리 알리는 것이 어떻겠느냐고 의견을 구한다. 두 사람은 의기투합하여 함께 간단한 에세이를 발표하게 되고, 이후 인류세 용어는 전 세계 사회 속으로 빠르게 스며들었다. 스토

머의 언어 능력과 크뤼천의 노력이 인류세라는 밈
을 탄생시킨 것이다.

'대가속 시대' 개념은 어떻게 형성되어
발전했는가?

대가속The Great Acceleration 시대 개념은 유엔 산하 기
관인 '국제지구권생물권프로그램'이 수행한 연
구에서 처음 도출되었다. 지구과학자인 윌 스테
펜Will Steffen이 주도한 연구진은 2004년 발간한 연
구 보고서를 통해 1950년경부터 지구가 뚜렷한 변
화를 겪고 있다는 사실을 전 세계에 알렸다. 연구
진이 수집한 1750년 이후의 자료에서 지구시스템
지표들의 변화 속도가 1950년을 기점으로 갑자기
상승하는 모습이 극명하게 드러난다. 지표는 총
24개로, 사회경제적 변화 추세를 보여주는 지표
가 12개, 자연환경적 변화 추세를 보여주는 지표
가 12개이다. 윌 스테펜과 동료들은 2015년에도

《인류세 리뷰Anthropocene Reviews》라는 저널에 대가속 지표의 업데이트 자료를 소개하는 논문을 게재한 바 있다. 이들은 이 논문에서 대가속 시대가 시작된 1950년경이 인류세의 시작으로 가장 적절하다는 견해를 강력하게 피력한다.

2부

기후가
변하면

모든 것이
바뀐다

역사적으로 안정된 사회의 배후에는 온난한 기후가 있었으며, 저온기의 혼란 속에서는 민족 이동이나 전쟁 등의 사회갈등이 있었다. 이것이 우리가 앞으로 지구에서 일어날 기후위기의 문제들을 예측하기 위해 인류의 역사를 돌아봐야 하는 이유다.

인간이 만든
최악의 기후위기

인류세의 지구온난화가 인위적이라는 증거

인류세의 속성들 가운데 기후위기만큼 사람들에게 위압감을 주는 것은 아마 없을 듯싶다. 2부에서는 이 기후위기를 심층적으로 다뤄보고자 한다. 인류세의 기후위기는 대부분 인간의 지구환경 교란에서 기인한 것이다. 현재 대부분의 과학자들이 이를 인정하고 있지만, 지금의 지구온난화가 자연적인 현상일 뿐이라고 보는 학자들도 여전히 존재한다.

대략 1000년 전부터 지금까지의 기온 변화 자료를 보면, 우리가 현재 겪고 있는 지구온난화가 자연적으로 발생한 것이 아니라 다분히 인위적인 현상이라는 것을 바로 알 수 있다. 지구의 평균 기온은 1000년대부터 1800년대까지 꾸준히 하강했다. 그런데 1900년대에 들어 급격하게 상승하는 추세로 돌아섰다. 이렇게 기온이 갑작스럽게 변하는 모습이 마치 하키 스틱을 닮았다고 해서 이를 하키 스틱 이론이라고 한다.

이런 식으로 기온이 천천히 떨어지다가 어느 시점을 기준으로 급상승하는 양상은 1만 1700년 전부터 지금까지의 홀로세 전체 기간을 샅샅이 뒤져봐도 유사한 사례를 찾을 수 없다. 과거를 참조할 때 하키 스틱 형태의 독특한 변화를 자연스러운 현상으로 보는 것은 억지에 가깝다. 그렇다면 이는 인위적인 기온 상승, 즉 과도한 화석연료 사용으로 대기의 온실가스 농도가 높아진 여파로 봐야 할 것이다.

인간이 현재의 지구온난화를 야기했다는 증거는 또 있다. 1850년 이후 기온의 변화, 이산화탄소 농도의 변화, 태양 활동의 변화를 각각 기록한 그래프를 살펴보자. 이 그래프의 아래쪽 항목은 태양 활동의 변화를 나타내는데, 얇은 회색 곡선은 1850년부터 2020년까지 태양 흑점수가 변화하는 양상을 보여준다. 흑점수가 11년 주기로 변한다는 사실은 대부분 알 것이다. 굵은 초록색 곡선은 이 11년 주기

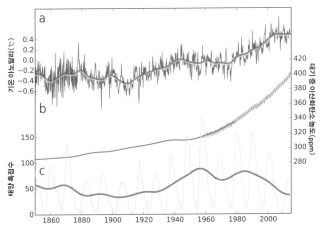

1850년 이후의 기온 변화, 대기 중 이산화탄소 농도 변화, 태양 활동(흑점수) 변화를 나타낸 그래프

의 흑점수 변화를 평활화(스무딩)시킨 것으로서 장기적인 변화 경향을 보여준다. 이를 보면 대략 1960년부터 태양 흑점수가 장기적인 감소 추세로 접어들었음을 알 수 있다. 태양 흑점수는 홀로세 내내 지구의 기온 변화를 주도한 주요인 가운데 하나였다. 태양 흑점수가 늘거나 줄면 지구의 기온은 상승하거나 하락했다.

그래프 위쪽 항목은 1850년 이후의 전 세계 월평균 기온의 변화를 보여준다. 굵은 곡선은 마찬가지로 평활화한 것이다. 1850년 이후로 지구의 평균 기온이 꾸준히 상승하고 있음을 알 수 있다. 그런데 흑점수가 1960년대부터 대체로 감소하는 추세를 띠었으므로 사실 지구의 기온은 떨어져야 정상이다. 하지만 반대로 계속 상승하고 있다. 이는 자연적인 모습으로 보기 어렵다. 뭔가 다른 요인이 작용한 것이다.

아니나 다를까 대기의 이산화탄소 농도가 지구의 평균 기온과 유사한 변화 경향을 보인다. 그래프의 가운데 항목이 이산화탄소 농도를 나타내는데, 1960년대부터 이 곡선이 빠르게 상승하고 있다. 변화하는 양상이 기온의 상승과 비슷하다. 즉, 이 그래프를 통해 지금의 지구온난화(위쪽 항목)는 자연적인 흑점수 변동(아래쪽 항목)에 따른 것이 아니라 인위적인 온실가스 농도 변화(가운데 항목)에 따른 것임을 알 수 있다.

탄소중립을 넘어 기후적응으로

대략 간빙기는 1만 년, 빙기는 11만 년 동안 지속되었으므로 80만 년 전 이후로 지구상에는 여덟 차례의 간빙기와 빙기가 있었다. 다음 그래프의 y축은 이산화탄소 농도를 보여준다. 과거 빙기 때는 이산화탄소 농도 수치가

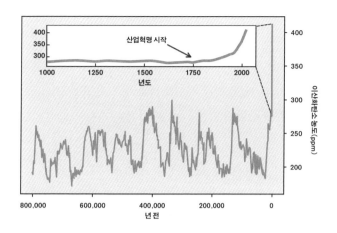

80만 년 전 이후 대기 중 이산화탄소 농도의 변화와 산업혁명의 시작

180ppm 정도에 그쳤던 반면 과거 간빙기 때는 이보다 약
100ppm가 많은 280ppm 정도였다. 지난 80만 년 동안 이
산화탄소 농도는 170~300ppm 사이에서만 왔다 갔다
했다.

 그러나 이전 간빙기에 안정적으로 유지되던 이산화탄
소 농도가 홀로세 막판에 산업혁명과 대가속 시대를 거치
면서 급증했다. 이 시기의 증가 속도와 폭은 과거 80만 년
이라는 긴 시간 동안 조금이라도 비슷한 사례를 찾기 어려
울 만큼 매우 이례적이다. 한국의 이산화탄소 농도 또한 매

년 최고치를 경신 중이다. 가령 안면도에서 측정한 2023년 이산화탄소 농도는 427ppm을 넘었다. 과거 80만 년 동안 예외 없이 전 세계 평균 이산화탄소 농도가 170~300ppm 사이에 갇혀 있었음을 감안할 때 지금의 수치는 높아도 너무 높다.

420ppm을 넘는 이례적인 이산화탄소 농도는 우리를 두렵게 한다. 하지만 이게 다가 아니다. 실제 우리가 걱정해야 할 것은 따로 있다. 제3기의 후반부인 대략 300만 년 전의 상황은 우리에게 새로운 걱정거리를 안긴다. 빙하기 이전 온난했던 당시 이산화탄소 농도는 약 360ppm로, 420ppm을 넘고 있는 현 시대에 비해 60ppm이나 낮았다. 그러나 기온은 오히려 지금보다 2°C가 더 높았다. 산업화 이전과 비교할 때 현재 기온이 1.1°C 높으니 300만 년 전에는 온실가스 농도가 낮았음에도 산업화 이전보다 기온은 3.1°C나 더 높았던 셈이다.

그렇다면 지금은 과거와 달리 대기의 이산화탄소 농도에 상응하는 수준으로 기온이 오르지 않았다는 말이 된다. 그 이유는 무엇일까? 전문가들은 대기의 온도 상승을 억제하는 데 바다가 중요한 역할을 하고 있다고 지적한다. 바다가 우리가 생각하는 것 이상으로 상당히 많은 양의 대기열을 흡수한다는 것이다. 아직까지는 해양 순환이 원활하게 이뤄지면서 표층 해수에 흡수된 열은 심해저까지 깊숙이 확산되고 있다. 해수는 순환하면서 열뿐 아니라 온실가스도 흡수하여 바다에 가두므로 지구온난화의 속도를 늦춘다.

그러나 바다가 앞으로도 그 역할을 충실하게 수행하리라 장담할 수 없다. 만약 지구온난화가 제어되지 않고 지금과 같은 속도로 이어진다면 바다로 유입되는 융빙수(빙하 녹은 물)가 늘면서 해양 순환은 교란될 것이다. 그 결과로 해수의 순환이 느려진다면 바다는 대기의 열과 온실가스를 예전 수준으로 흡수할 수 없게 된다. 그럼 바다로 들어가지 못한 열과 온실가스가 대기에 남아 지금까지 경험하지 못한 대규모의 온도 상승을 야기할지도 모른다.

지구온난화 탓에 극적으로 오른 대기의 온도만큼 아직 바다의 온도는 오르지 않았다. 바다의 활발한 순환과 높은 비열 덕분이다. 그러나 최근 들어 지구온난화에 더해 엘니뇨 현상까지 빈도가 높아지면서 바다 온도의 상승 추세가 더욱 가팔라지고 있다. 그만큼 이미 바다에 많은 열이 쌓였다는 뜻이다. 이런 상황이라면 혹 인류가 미래에 탄소 중립 목표를 달성하여 대기의 온도를 조금이라도 낮추는 것에 성공하더라도 이번에는 반대로 뜨거운 바다에서 대기로 열이 방출되어 대기의 온도가 높아지는 악순환이 반복될 수도 있다.

많은 국가들이 2050년까지 탄소 중립을 이루겠다고 약속했다. 비록 전망은 밝아 보이지 않지만 어쨌든 그 목표를 향해 나아가고 있다. 한국도 그런 국가 가운데 하나이다. 학자들은 탄소 중립의 달성 가능성에 상당히 회의적이다. 인류가 단시간 내에 자연을 대하는 사고의 대전환을 이루고 과학기술의 발전을 토대로 2050년에 탄소 중립 목표를 달성한다 하더라도, 안타깝지만 지구의 기온은 계속 올라갈 가능성이 높다. 이미 너무 많은 온실가스가 대기 중으로 방출됐고, 지금 기온은 대기의 온실가스량에 맞는 수준이 아니며, 바다가 대기의 열을 앞으로도 차질 없이 계속 받아줄지 알 수 없기 때문이다.

1부에서 기온 상승을 1.5°C 혹은 2°C 이내로 막자는 파리 협정의 목표를 이야기했다. 하지만 최근 3°C 이내에서 막으면 성공이라고 말하는 학자가 늘고 있다. 어떠한 대책을 강구하더라도 기온 상승 추세가 이어질 가능성이 높다고 보는 것이다. 이는 우리가 지구온난화를 이제는 기정사실로 받아들이고 앞으로 더욱 달궈질 지구에 적응해 나가야 함을 의미한다. 효과적인 적응 대책을 마련하는 것이 온실가스를 감축하는 것만큼 중요해졌다.

모든 종류의 위기가 대부분 마찬가지지만 지구온난화 또한 그 충격은 취약계층에 집중될 수밖에 없다. 기후변화의 피해를 입는 쪽은 주로 선진국보다는 저개발국, 부유한 사람보다는 가난한 사람이다. 기온이 $3°C$ 가까이 올라도 부국의 부유한 사람들은 가용한 자원을 최대한 활용하여 지금과 크게 다르지 않은 삶을 이어갈 것이다. 그러나 가난한 나라의 취약계층은 $1.1°C$ 상승한 지금도 소규모의 기상이변에 큰 피해를 입곤 한다. 빈곤한 이들은 재해의 위험성이 높더라도 거주비가 적은 곳을 찾게 마련이다.

전 세계의 정치권력자들은 기후위기 속에서 힘겹게 살아가는 사람들에게 별다른 관심을 보이지 않는다. 과연 인류가 미래에 공존의 가치를 구현할 수 있을까라는 의구심만 커져 간다. 환경위기에 내몰린 인류가 공존과 공생보다 각자도생에 몰두한다면 인류의 미래는 밝을 수 없다.

NGO에 모든 일을 미룰 것이 아니다. 국가 단위 이상의 행위 주체들이 지금보다 더 적극적으로 나서서 기후변화에 시달리는 취약계층에게 도움이 되는 정책을 펼칠 필요가 있다. 사회의 공정성과 형평성을 높이기 위해서라도 기후위기의 파장을 줄일 수 있는 다양한 대응 방안들이 최대한 빠른 시일 내로 나와야 할 것이다.

기후위기가 야기할 미래는 어떤 모습일까?

미래의 인간 활동으로 기온이 어디까지 오를지와 이런 상승이 환경을 어떻게 변화시킬지를 시뮬레이션을 통해 추정하는 연구가 활발하다. 대표적인 것이 IPCC 5차 보고서에 수록된 네 개 대표농도경로Representative Concentration Pathway, RCP 이다. 여러 온실가스 배출 시나리오에 따라 2100년까지 온실가스 농도가 어떻게 변할지를 예측했다. 그리고 이후에 발표된 IPCC 6차 보고서는 5차 보고서의 대표농도경로에 '인간의 사회경제적 대응'이라는 새 변수를 추가했다. 대기의 이산화탄소 농도는 앞으로 어떻게 변하게 될까? IPCC 5차 보고서에 수록된 RCP 2.6, RCP 4.5, RCP 6.0, RCP 8.5 등 네 개 시나리오를 통해 미래를 전망해 보자. 단 여기에 큰 의미를 부여할 필요는 없다.

우선 강력한 감축 조치가 성공을 거둔다고 가정하는 RCP 2.6 시나리오의 경우, 이상적이지만 그만큼 비현실적이다. 이는 지금의 이산화탄소 농도를 2100년까지 유지하는 것을 전제로 한다. 지금도 대기 중 이산화탄소 농도는 전혀 제어되지 않고 계속 오르고 있으므로 미래에 이 조건을 만족시키기란 힘들어 보인다. 참고로 RCP 뒤에 붙는 숫자는 온실효과의 크기를 반영한다. 숫자가 클수록 온실효과가 강화되어 기온이 오른 상태를 말한다.

반대로 RCP 8.5는 극히 부정적인 시나리오로, 온실가스 배출에 전혀 개의치 않는 인류를 상정한다. 그 결과는 상상을 초월한다. 이 시나리오대로라면 2100년에 이산화탄소 농도가 1200ppm을 상회한다. 1200ppm를 넘는 수치는 과거 공룡이 살던 중생대 시기의 이산화탄소 농도와 비슷한 수준이다. 이 정도까지 이산화탄소 농도가 오르면 산업화 이전과 비교해 기온이 5°C에서 6°C까지 상승할 것이다. 아마 지구는 대부분 곤충이나 파충류만이 살 수 있는 땅으로 변하고 인간과 나머지 포유류는 북방 땅을 놓고 경쟁하는 상황으로 내몰릴 것이다. 하지만 현재 전 세계인들이 기후위기의 심각성을 인지하고 있고 이를 완화하기 위해 많은 노력을 기울이고 있으므로 RCP 8.5도 현실적이지 않은 시나리오라 할 수 있다.

지금의 상황에 비추어 볼 때 우리가 앞으로 겪게 될 지구온난화 경로는 RCP 4.5와 RCP 6.0 그 사이 어딘가에 위치할 가능성이 높아 보인다. RCP 6.0에 가까우면 상대적으로 좋지 않은 상황일 테고 RCP 4.5에 가까울수록 좀 더 안전할 것이다. 하지만 이 시나리오들은 대기의 이산화탄소 농도에 한정된 논의일 뿐이다.

불가능한 이야기이지만 설사 우리가 대기의 이산화탄소 농도를 마음대로 조절할 수 있다고 해도, 지역별 기온의 변화 과정을 정확히 예측할 수 있는 방법은 없다. 기온에 영향을 미치는 요인은 온실가스 외에도 무수히 많기 때문이다. 그래도 시나리오별로 기온이 어떻게 변할 것으로 추정되는지 대충이라도 살펴보자.

RCP 2.6은 이산화탄소 농도가 2100년도에도 지금과 엇비슷할 것으로 예측하는 시나리오이므로 이 시나리오로는 2100년의 기온이 지금과 큰 차이가 없을 것이다. 한편, RCP 4.5는 2100년의 이산화탄소 농도를 약 570ppm으로 예상한다. 2100년의 지구 평균 기온을 거칠게라도 추정해 보면 산업화 이전 대비 2.5°C 정도까지는 오를 것으로 보인다. RCP 6.0은 이산화탄소 농도가 2100년에 약 710ppm 까지 증가할 것으로 예상하므로 산업화 이전 대비 기온 상승폭은 대략 3.5°C에 이를 것이다.

전문가들이 앞으로의 기온 상승이 산업화 이전 대비 + 3°C까지는 갈 것으로 보는 이유도 이런 시나리오들과 관련 있다. 하지만 앞으로 인류가 기후변화에 대응하여 어떠한 행동을 취할지 그 누가 알겠는가? 인류가 어떠한 온실가스 배출 경로를 택할지 우리는 전혀 예상할 수 없다. 설사 예상이 가능하다 해도 대기의 온실가스 농도 변화만 알 수 있을 따름이다. 기온이 어떻게 변화할지는 또 다른 문제다. 우리가 알고 싶은 것은 기온의 상승폭이지 이산화탄소의 증가폭이 아니다. 또한 지역별로 기온의 변화 양상도 제각각일 터이고 기상이변의 강도나 빈도도 국지적으로 천차만별일 것이다. 인류는 이토록 불확실한 미래에 제대로 대응할 수 있을까?

유라시아의 역사를
뒤흔든 기후

안정된 사회의 배후에는 온난한 기후가 있다

여전히 우리 주변에는 온도가 그저 2°C, 3°C 올라가는 것이 뭐가 그리 대수냐며 무시하는 사람들이 있다. 하지만 우리 선조들은 과거 0.5~1°C의 기온 변화에도 생존이 위태로울 정도로 힘든 시기를 겪었다. 물론 과학기술이 발전하기 전이니 지금이라면 문제없을 것이 과거에는 심각한 피해로 이어졌던 경우도 분명 있을 것이다. 우리 조상들은 약간의 기후변화에도 살아남기 위해 사투를 벌여야 했다.

환경위기의 도래로 인류의 미래가 점점 불확실해지면서 과거를 연구하는 학문의 가치는 더욱 높아지고 있다. 과거에서 유용한 정보를 많이 얻어낼 수 있다면 앞날에 대비하는 일이 한결 수월해질 것이다. 과거의 기후변화는 그 당시 사회에 지대한 영향을 미쳤다. 봄이나 가을에 일교차가 15°C 이상 벌어지는 한국에서 2°C, 3°C라는 수치는 정말 별 것 아닌 것같이 느껴질 수 있다. 하지만 지금부터 하는 설명을 들으면 2~3°C의 기온 상승이 만만하게 볼 변화는 아니라는 생각이 들 것이다. 다음 그래프를 보자.

그래프의 위쪽 곡선은 그린란드 빙하 코어를 분석해서 약 4000년 전부터 지금까지 그린란드의 기온 변화를 복원한 자료이다. 아래쪽 곡선은 필자가 직접 제주도 동수악 오름 퇴적물의 꽃가루를 분석해 과거 한국의 기온 변화를 복원한 자료이다. 두 곡선이 정확히 일치하지는 않지만 대체

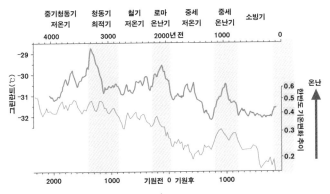

지난 4000년 동안의 한반도의 기온 변화[1]

로 변화 양상이 유사하게 나타난다. 참고로 이 책에서 몇 년 전(BP)이라고 말할 때 기준이 되는 시점은 1950년이다. 가령 1000년 전이라 하면 기원후(CE) 950년을 의미한다고 보면 된다.

우선 짚고 넘어갈 것은 홀로세 후반에 대략 1000년마다 온난한 시기가 도래했다는 점이다. 그래프에서 약 3000년 전, 2000년 전, 1000년 전에 기온이 높아지는 모습이 뚜렷하다. 그렇다면 1000년 전에 기온이 높았으므로 과거의 주기를 고려할 때 현 시기 또한 비교적 따뜻해야 정상이다. 2000년대 초반까지만 해도 학자들 사이에서 지금의 온도 상승이 인위적인 것인지 자연적인 것인지를 놓고 많은 논쟁이 있었다. 과거 1000년마다 기온이 올랐던 것이 사실이므로 지금 온도가 상승하는 것도 자연적인 현상일 뿐 인간의 영향이라고 볼 근거는 없다고 주장하는 학자들이 꽤 있었던 것이다. 하지만 2016년 파리 협정 이후로 지금은 그렇게 생각하는 학자들이 거의 사라졌다. 과거와 비교할 때 지금의 기온 상승 속도와 폭이 이례적이기 때문이다.

3000년 전, 2000년 전, 1000년 전과 같이 기온이 높았던 시기에는 북반구의 사회가 안정적으로 성장하면서 번영을 구가했다. 반면 그 사이사이에 추웠던 시기에는 먹을 것이 부족해지면서 사회가 혼란을 겪었다. 대내외적으로 갈등이 증폭되면서 전쟁으로 이어지는 경우가 잦았다.

저온기의 혼란 속에서 다양한 종교와 사상가가 나타나다

먼저 3400~2800년 전은 학계에서 청동기 최적기라고 부르는 시기이다. 한반도에서는 벼 농경이 본격적으로 시작되면서 인구가 늘어났고, 지중해 동부에서는 미케네 문명, 히타이트 문명, 이집트 신왕국과 같은 다양한 문명이 발전을 이어갔다. 이 시기는 전체적으로 기후환경이 양호했지만, 3200년 전에 갑자기 닥친 가뭄은 지중해 동부의 여러 문명이 쇠락하는 원인이 되었다. 이때를 기점으로 지중해 동부의 청동기 문화는 막을 내린다.

청동기 최적기 이후 대략 2800년 전 철기 저온기가 나타나 약 2300년 전까지 이어졌다. 이때 한반도에서는 송국리형 문화가 쇠락한다. 송국리형 문화는 청동기 최적기에 금강 중하류에 터를 잡고 전성기를 누리던 한반도 최초의 수도작 농경 문화였다. 기온이 떨어지자 송국리 문화 집단은 농사를 짓기에 나은 땅을 찾아서 남쪽으로 내려갔다. 한

무리는 전라도 방향으로 나아갔고 그중 일부가 제주도까지 건너갔다. 다른 한 무리는 경상도 방향으로 내려간 다음 일본 규슈까지 넘어가서 야요이 문화를 꽃피웠다. 이렇게 사람들은 기후변화를 극복하기 위해 이주를 시도했고 그 과정에서 다양한 문화가 타 지역으로 퍼져나갔다.

같은 시기 중국 지역은 춘추전국시대를 거치며 매우 혼란스러운 상황을 맞이하고 있었다. 저온 현상으로 사람들은 식량 부족에 허덕였다. 사회는 분열과 갈등에 시달렸고 전쟁의 도화선은 타들어 갔다. 서유라시아에서도 기후변화의 영향을 받아 유목민이 움직였다. 본래 중앙아시아에서 살아가던 스키타이 집단이 흑해 쪽으로 진출한 것이다. 스키타이는 당시 서아시아를 장악하고 있던 페르시아 제국을 두려움에 떨게 할 정도로 위세가 등등했다. 학자들은 이들의 이주에도 기후변화가 모종의 역할을 했을 것으로 추정한다.

또한 이 시기에는 북반구 전역에서 다양한 종교와 사상이 인기를 끌었다. 서유라시아의 조로아스터교, 유대교, 브라만교, 불교, 힌두교, 자이나교 그리고 동아시아의 유교, 도교 등 전 세계의 주요 종교들이 모두 이 철기 저온기에 들어 빠르게 확산되었다. 동시에 소크라테스, 플라톤, 아리스토텔레스, 석가모니, 노자, 장자, 맹자, 공자와 같은 유명한 사상가들도 모두 이때 활동했다. 기후가 나빠지자 삶이 팍팍해진 사람들이 어디라도 의지할 곳이 필요했던 것은 아닐까? 이들은 종교에서 선함을 배우고 현자로부터 진리를 찾아 마음의 구원을 얻고자 했을 것이다.

기온 변화에 따른 민족 이동과 국가의 흥망성쇠

이제 2000년 전을 살펴보자. 철기 저온기가 끝나면서 기온은 오르기 시작했다. 이후 300년 동안 비교적 온난한 기후가 이어졌다. 학자들은 2200~1900년 전의 시기를 로마 온난기라 부른다. 유럽에서는 로마, 동아시아에서는 한나라가 전성기를 이룬 시기가 이때이다. 한반도에서는 위만조선의 세력이 강성했다.

로마 온난기가 끝나면서 기온은 점차 떨어졌다. 이후 서늘한 기후가 대략 1200년 전까지 이어졌다. 이 시기를 중세 저온기, 혹은 민족대이동기라 부른다. 이때는 유라시아 전역에서 북방의 유목민족들이 대대적으로 남하하는 모습이 나타났다. 중앙아시아에 있던 훈족이 대표적이다. 이들은 기후변화에 자극을 받아 남쪽으로 내려왔고 당시 동유럽에 있던 게르만 민족을 서남쪽으로 밀어냈다. 서로마제국은 훈족을 피해 국경 내로 진입한 게르만족을 제대로 다스리지 못한 채 멸망의 길을 걸었다. 한편 동아시아는 흉노족, 선비족 등이 남하하면서 위진남북조의 혼란기로 접어들었다.

한반도에서도 이때 주목할 만한 일이 벌어지고 있었다. 앞선 한반도의 기후변화 그래프를 보면 2000년 전 이후로 1500년 전까지 한반도의 기온이 지속적으로 떨어지고 있음을 알 수 있다. 고구려 장수왕이 국내성에서 평양으로 천도한 해가 427년, 즉, 대략 1520년 전이다. 장수왕이 계속되는 저온 현상과 식량 부족에 시달리던 끝에 과감하게 수도를 옮기로 결정했는지도 모르는 일이다. 당시 고구려의 영토를 고려할 때 중심에 있는 국내성이 외곽에 치우친 평양보다는 국가의 통치에 좀 더 유리했다고 본다면, 결국 평양은 기후 여건이 보다 양호했기 때문에 선택된 것이라 보아야 하지 않을까?

이후 대략 1200년 전부터 온난한 기후가 약 400년간 이어졌다. 이 시기를 학자들은 중세 온난기라 부른다. 이때 동아시아에서는 송나라가 경제적으로 전성기를 누렸다. 한반도에서는 고려가 북방의 강국 거란과 자존심 싸움을 벌일 정도로 강성했다. 유럽 또한 스칸디나비아의 바이킹들이 대부분의 땅이 얼음으로 덮여 있는 그린란드로 건너가 농경 생활을 영위할 만큼 따뜻했다.

그런데 13세기에 들면서 태양 흑점수가 감소하고 대형 화산들이 폭발하면서 북반구의 기온은 떨어지기 시작한다. 한반도의 고려는 무신 정권이 득세하면서 혼란스러운 정국이 이어진 데다 1231년부터 1259년까지 몽골의 침략으로 전쟁을 거듭하면서 급격하게 쇠퇴했다.

13세기부터 기온은 지속적으로 감소했고, 곧이어 북반구는 서늘한 소빙기로 접어들었다. 소빙기 때는 유라시아 전역에서 흑사병이 돌아 1억 명 가까운 사망자가 나왔다. 유럽에서는 가톨릭 세력과 개신교 세력 사이에 갈등이 불거져 30년 전쟁으로 비화되었다. 이는 유럽에서 수백만 명이 사망하는 참혹한 결과를 낳았다. 한반도에서도 대기근이 연달아 발생했고 임진왜란이나 병자호란 같은 큰 전쟁들도 이어졌다.

소빙기에는 북반구에서 전염병 창궐, 사회 혼란, 나라

간 전쟁이 빈번했다. 인과관계를 면밀히 따져보면, 기후변화와 그에 따른 식량 문제가 관여하지 않은 사건을 찾기란 쉽지 않다. 16세기 이후 과학혁명과 산업혁명을 거치면서 북반구 사회는 발전을 거듭했지만 1850년까지 이어진 소빙기의 위력을 막기는 역부족이었다.

기후변화가 인간 사회에 미친 영향은 중국 왕조의 변천 과정에서도 잘 드러난다. 2008년 중국의 왕조사를 석회암 동굴의 석순 분석 자료와 비교한 연구는 학계의 많은 반향을 불러왔다. 연구진은 중국의 왕조들이 무너졌을 때를 보면 대부분 기후가 급변하던 시기와 겹친다고 주장했다. 당나라가 망하고 5대 10국의 혼란기로 접어들었을 때, 원나라에서 명나라로 왕조의 교체가 일어났을 때, 명나라가 망하고 청나라가 들어섰을 때 예외 없이 강수량이 감소하면서 가뭄이 들었다는 것이다.

이렇듯 따뜻하고 습윤했던 시기에는 인류가 안정적으로 발전을 거듭한 반면, 춥고 건조했던 시기에는 식량 문제가 기폭제가 되어 전쟁이나 갈등이 만연했고 사회는 쉽게 혼란에 빠졌다. 그런데 여기서 따뜻했다는 것은 얼마나 따뜻했음을 의미할까? 추웠다는 것은 또 얼마나 추웠음을 의

미할까?

대략 1000년마다 도래한 따뜻한 시기와 그 사이사이에 나타났던 서늘한 시기의 연평균 기온 차이는 단지 0.5~2°C 정도에 지나지 않았다. 참고로 기온의 변화는 위도가 높을수록 더 뚜렷하게 나타난다. 그린란드와 같은 극지방은 홀로세 후기 온난기와 한랭기의 온도 차이가 약 2°C까지 벌어졌지만 한반도와 같은 중위도 지역은 0.5~1°C 차이에 그쳤다. 그러나 이 정도라도 사회를 불안하게 만드는 데는 충분했다.

물론, 미래에는 온난화가 인류를 괴롭힐 텐데 과거 저온 현상이 야기한 사건들을 참조하는 것이 무슨 의미가 있느냐고 반문할 수 있다. 그러나 저온이든 고온이든 간에 기후 변화의 속도와 폭이 크다면 인류와 지구 생태계는 이에 적응할 시간을 충분히 확보하지 못한 채 곤경에 처할 가능성이 높다.

만약 미래에 지구의 온도가 지금의 상승 속도를 유지하면서 평균 3°C 이상 높아진다고 가정해 보자. 인류는 생사를 가르는 중대한 도전에 맞닥뜨리게 될 것이다. 우리는 과거를 통해 0.5~1°C의 변화가 가져온 파장도 상당했음을 잘 안다. 과거는 미래의 창, 과거에 대한 정보는 우리가 미래에 대비하고자 할 때 우리가 의지할 수 있는 몇 안 되는 수단임에 분명하다.

홀로세 후기 기후변화가
한반도에 미친 영향

홀로세 후반부의 기후변화: 세 가지 요인

그러면 홀로세 후반부에 앞서 살펴본 기후변화를 가져온 주 요인이 무엇이었는지 알아보자. 그 요인은 예닐곱 가지 정도 되는데, 그중에서 중요한 것 세 가지만 간추려서 이야기할까 한다.

첫 번째는 적도 서태평양의 해수면 온도 변화를 들 수 있다. 이는 기본적으로 '엘니뇨'와 관계가 있다.

우선 최근 많이 언급되는 엘니뇨라는 현상부터 무엇인지 알아보자. 일반적으로 적도 태평양에서는 무역풍이 동쪽에서 서쪽으로 강하게 분다. 그 결과 따뜻한 바닷물이 열대 서태평양에 많이 모이기 때문에 이곳은 해수면 온도가 높다. 반면 열대 동태평양에서는 상대적으로 표층해수 층이 얕아지면서 이를 메우기 위해 아래의 차가운 물이 올라오기 때문에 해수면 온도가 낮다. 페루, 에콰도르 인근의 열대 동태평양 해수면 온도가 오스트레일리아, 인도네시아 인근의 열대 서태평양 해수면 온도에 비해 뚜렷하게 낮은 것은 모두 이곳의 탁월풍인 무역풍 때문이다.

그런데 이 무역풍이 대략 4년에서 7년 주기로 약해지곤 한다. 그럴 때마다 서태평양의 뜨거운 바닷물이 다시 제자리를 찾아 동쪽으로 돌아가므로 평소 때보다 열대 동태평양의 해수면 온도는 올라가고 서태평양의 해수면 온도는 떨어지는 변화가 나타난다. 적도 태평양에서 발생하는 엘니뇨가 한국의 기후에는 정확히 어떠한 영향을 미치는지 아직 명확하게 밝혀지지 않았다. 겨울철에 강수량이 늘고 기온이 높아지는 변화만 어느 정도 확인되었을 뿐이다.

필자와 같이 고기후를 연구하는 사람들은 수년 주기의 엘니뇨보다는 수백 년 주기로 나타나는 장주기성 엘니뇨에 관심이 많다. 현대의 단주기 엘니뇨 현상이 한국의 기후에 미치는 영향은 앞서 잠깐 언급한 대로 상당히 애매모호하다. 그러나 과거의 장주기성 엘니뇨는 그렇지 않았다. 열대 서태평양의 해수면 온도가 낮아질 때면 한반도에서 기온이 떨어지고 강수량이 감소하는 모습이 나타났다. 홀로세 후반 내내 적도 서태평양과 여기서 출발하는 구로시오 난류의 수온은 대략 500년을 주기로 떨어지는 경향을 보였다. 동북아시아로 북상하는 구로시오 난류의 수온이 낮아지면 바다에서 한반도로 유입되는 수증기량과 에너지량도 그만큼 줄어들 수밖에 없다.

두 번째 중요한 요인은 태양 활동 변화이다. 태양 표면을 보면 거뭇거뭇한 흑점이 보인다. 이 흑점의 수가 증가하면 지구 지표에 전달되는 태양 복사에너지의 양이 늘면서 지구의 온도가 다소 올라간다. 태양 흑점수는 11년 주기로 변한다고 우리에게 알려져 있지만, 1500년, 200년, 88년 등 긴 주기로도 변한다. 고기후학자들은 주로 장주기성 변화에 관심이 많다.

유럽에서는 17세기 초부터 흑점수를 직접 망원경으로 관측했고 동아시아에서는 이보다 훨씬 이전인 12세기 이전부터 육안으로 관찰하여 기록으로 남겼다. 17세기 이전의 흑점수는 보통 나이테나 빙하의 방사성동위원소를 분석하여 복원한다. 이 자료를 보면 수천 년 전부터 지금까지 태양 활동이 어떻게 변화했는지 알 수 있다.

세 번째, 화산 폭발도 홀로세 후반부의 기후변화를 가져온 중요한 요인 중 하나이다. 화산이 폭발하면 대기로 이산화황이 많이 방출되는데 이것이 수증기와 결합하여 황산 에어로졸을 형성한다. 황산 에어로졸은 지구로 들어오는 태양 복사에너지를 반사시켜 돌려보내는 냉각 효과를 가지므로 지표의 온도가 떨어지게 된다. 화산이 폭발할 때 온도는 평균 $0.2°C$ 정도 하락하며 그 효과도 2~3년 정도만 지속되므로 지구의 기후에 미치는 영향은 제한적이다. 그래서 화산 폭발은 열대 태평양의 해수면 온도나 태양 활동만큼 파급력이 큰 요인은 아니다. 다만 아주 큰 규모의 화산 폭발이 일어난다거나 연달아 여러 화산이 폭발한다면 인간 사회를 뒤흔드는 기후변화가 나타날 수 있다.

그럼 수백 년 혹은 수천 년 전에 화산 폭발이 어느 정도 규모로 얼마나 자주 있었는지 우리는 어떻게 알 수 있을까? 답은 역시 빙하다. 앞에서 화산 폭발의 효과가 2~3년 지속되고 사라진다고 말한 이유는 황산 에어로졸이 그 자체의 무게로 인해 2~3년 정도만 대기 중에 머무를 수 있기 때문이다. 그린란드나 남극에서 빙하가 형성될 때 함께 쌓인 황산염의 양을 분석하면 과거의 화산 폭발 규모를 시기별로 복원하는 것이 가능하다.

중세 저온기의 200년 주기

다음 그래프는 태양 활동의 주기적인 변화가 한반도에 미친 영향을 보여준다. 앞서 말했듯이 3000년 전, 2000년 전, 1000년 전에는 상대적으로 따뜻했다. 그중 2000년 전의 로마 온난기를 진녹색의 수직 막대로 표시했다. 맨 위쪽 곡선은 태양 활동의 변화를 보여준다. 로마 온난기 이후 나타

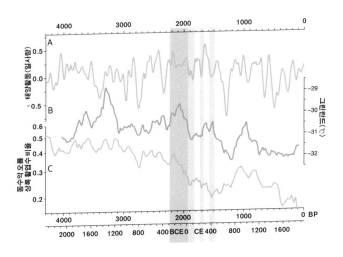

태양 활동(흑점수) 변화가 가져온 한반도와 그린란드의 기온 변화[2]

난 중세 저온기에 200년을 주기로 태양 흑점수가 세 차례 감소하는 것을 볼 수 있다. 이를 세 군데의 연녹색 막대로 표시했다. 흑점수가 줄어들 때마다 맨 아래쪽 곡선이 보여주는 대로 한반도의 기온은 떨어졌다.

여기서 연녹색 막대 중 세 번째 것이 가리키는 5세기 초반은 앞서 언급했듯이 고구려 장수왕이 국내성에서 평양으로 천도했던 때이다. 원래 고구려는 농경, 목축, 수렵을 함께 영위하는 복합경제 국가였지만 점점 작물 농경의 의존도를 높였다. 광개토대왕이 영토를 넓힌 후 장수왕이 나라를 안정적으로 이끌면서 인구가 증가했기 때문이다. 목축이나 사냥으로는 식량을 충분히 확보할 수 없었다.

작물 농경은 목축이나 수렵에 비해 저온에 취약할 수밖에 없다. 4세기 후반부터 기온은 지속적으로 떨어지고 있었다. 점점 혹독해지는 겨울 추위에 장수왕의 인내심도 한계에 다다르지 않았을까. 국내성이 대국 고구려의 수도로 기능하기에는 환경이 적당하지 않다고 판단했을 것이다.

국내 역사학자들이 생각하는 장수왕의 천도 이유는 두 가지이다. 협소한 국내성에서 늘어나는 인구를 더는 감당하기 어려워 넓은 평지가 있는 평양으로 내려왔을 것이라는 설과, 강성한 국내성 귀족을 견제하고 평양 귀족에게 대신 힘을 실어주려는 의도였을 것이라는 설이다. 이런 이유들도 물론 개연성이 있지만 필자는 기후변화 또한 천도의 이유 가운데 하나였을 것이라 생각한다.

기후변화가 조선의 치세와 기근에 미친 영향

조선 후기에 융성했던 영·정조 시기 또한 기후와 연결시켜 이야기할 것이 있다. 영조는 1724년에서 1776년까지, 정조는 1776년에서 1800년까지 조선을 다스렸다. 이들이 통치하던 시절 전 세계의 화산 활동은 저조한 반면 태양 활동은 대체로 활발하여 북반구의 평균 기온은 높았다. 대략 13세기부터 시작되어 19세기까지 길게 이어진 소빙기에서 18세기는 혹독한 추위에서 잠시 벗어나 있던 시기였다.

그럼 우리는 영조와 정조가 이끈 조선 후기의 호황기를 어떻게 받아들여야 할까? 모두 이들의 탁월한 능력에서 비롯된 것일까? 혹시 기후변화에 도움을 조금이라도 받지 않았을지 궁금해진다.

지금 영·정조 통치기를 한데 묶어 두 왕 모두 기후의 덕을 봤다고 이야기하고 있지만 정조는 약간 다르게 볼 만한 부분이 있다. 정조 재위기에는 아이슬란드의 라키화산이 1783년에 폭발한 여파 때문인지 영조 때에 비해 기온이 낮았다(다음 페이지 그래프를 보라). 물론 활발한 태양 활동 덕에 기온은 아들 순조가 왕위에 있을 때와 비교하면 여전히 높은 편이긴 했다.

이때 일본에서는 일본 역사상 가장 큰 기근이라고 하는 덴메이 대기근(1782~1788)이 발생하여 100만 명 이상이 사망하는 비운을 맞았다. 18세기 후반 청나라도 유사한 어려움을 겪었다. 청나라의 전성기를 이끈 건륭제가 고령으로 접어들면서 영명함을 잃자 관료들의 부패는 날로 심각해졌다. 여기에 기후변화로 흉년까지 자주 들면서 먹을 것이 항상 부족했기 때문에 농민들의 불만은 하늘을 찔렀다. 결국 민란이 이어지면서 청은 빠르게 쇠락의 길로 접어든다.

같은 시기에 유럽에서는 프랑스 대혁명(1789~1794)이 일어나 유럽 전역에 자유주의 물결이 몰아쳤다. 그런데 이렇듯 유럽과 동아시아에서 여러 나라들이 곤경에 처해 있을 때 정조가 다스리던 조선만은 태평성대를 누렸다. 정조가 확실히 사회 안전망 구축과 민생 안정에 공을 들인 왕

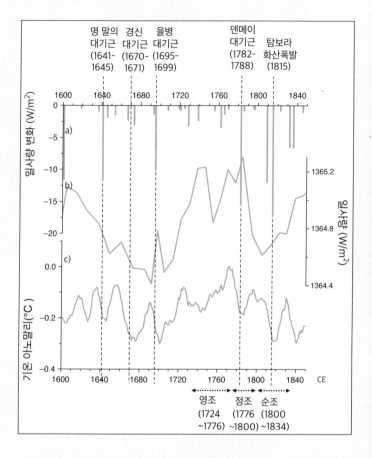

1600년에서 1850년까지의 화산 활동, 태양 활동, 북반구 기온(1902~1980년 평균과의 차이)

이었음을 알 수 있다. 그렇지 않았다면 당시의 일본과 비슷하게 조선 또한 힘든 길을 걸었을 것이다.

화산 폭발에 영향을 받았다 해도 정조는 순조보다는 확실히 운이 좋았다. 정조에 이어 왕위에 오른 순조가 조선을 다스리던 1800년에서 1834년 사이는 화산 활동이 매우 활발한 시기였다. 인도네시아 숨바와 섬의 거대한 화산인 탐보라가 폭발한 것이 1815년이다. 이보다 6년 전인 1809년에도 위치 불명의 대형 화산이 폭발하여 전 세계에 영향을 미쳤다. 이 폭발이 몰락한 양반 출신의 홍경래가 평안도에서 난을 일으키는 원인으로 작용하지 않았을까 생각한다.

순조가 왕위에 있을 때는 태양 흑점수도 매우 적었다. 이 시기를 달튼 극소기Dalton Minimum(1790~1830)라고 부른다. 여기서 극소기란 흑점이 아주 적었던 시기를 뜻하는 용어이다. 활발한 화산 활동에 저조한 태양 활동까지 겹치자 기온은 급격히 떨어졌다. 그 영향을 순조가 안 받았을 리 없다. 순조는 아버지나 증조할아버지에 비해 운이 없었던 것이다.

조선 후기의 기후변화를 좀 더 자세히 들여다보자. 명

나라의 몰락을 부추긴 대기근(1641~1645)이 발생한 시기에 어떤 변화가 있었는가? 우선 흑점수가 급하게 감소하는 모습이 눈에 띈다. 더불어 화산 활동도 상당히 활발했다. 1640년에는 일본 홋카이도에서, 1641년에는 필리핀 민다나오에서 화산이 분출하여 지구의 기온을 떨어뜨렸다. 이 대기근 시기에 이자성의 난이라 부르는 큰 민란이 있었고, 이는 명이 망하고 청나라가 들어서는 계기로 작용했다. 청나라가 중원을 차지할 때 기후도 한몫한 셈이다.

역사학자들은 조선 후기의 대표적인 기근으로 경신대기근(1670~1671)과 을병대기근(1695~1699)을 꼽는다. 이 사건들 또한 소빙기의 기후변화 때문에 발생했다. 경신대기근이 발발한 때는 특별한 화산 활동은 없었지만 태양 활동이 저조하여 기온이 뚜렷하게 낮았다. 이후의 을병대기근 또한 약한 태양 활동에다 화산 폭발이 더해져 기온이 급격히 떨어진 시기에 발생했다. 이와 같이 화산 폭발과 흑점수의 감소로 기온이 떨어졌을 때 한반도를 포함한 동아시아에서는 기근이 크게 번지곤 했다.

지금까지 우리 조상들이 과거의 저온과 가뭄으로 곤경에 처했던 사례들을 살펴봤다. 그런데 이 지점에서 의아해하는 독자들이 분명 있을 것이라 생각한다. 지금 우리가 겪고 있는 기후위기는 저온 문제가 아니라 온난화 때문이 아닌가. 미래에 인류가 극복해야 할 것은 고온에 따른 환경변화이지 저온 현상이 아니기 때문에, 저온 문제를 겪은 사례가 무슨 유용성이 있을지 의문이 들 수 있다.

하지만 기후변화와 관련하여 우리가 유념할 부분이 있다. 기온의 높고 낮음이 인간 사회와 생태계에 중요한 의미를 갖는 것은 맞지만, 이에 못지않게 변화가 일어날 때 그 속도도 중요하다는 점이다. 기온이 내려가든 올라가든 기온 변화가 빠르게 일어나면 기상이변은 잦아진다. 기상이변은 곧 자연재해와 흉년으로 이어지게 마련이다. 과거에는 기온이 빠르게 떨어질 때 그러했다면 미래에는 기온이 빠르게 오를 때 그러할 것이다. 최근 들어 이상 기상현상을 더욱 자주 접하고 있지 않은가? 기온이 급하게 상승하고 있기 때문이다.

앞으로 지구의 기온은 얼마나 빠르게 오를까? 그리고 그 파장은 어떻게 나타날까? 그런데 우리가 걱정해야 하는 것은 이뿐만이 아니다. 기온의 상승 속도와 폭만큼 중요한 것이 이른바 '티핑 포인트'라 부르는 임계점의 존재이다.

기온이 어느 수준을 넘게 되면 그다음부터는 변화가 비선형적으로 발생하면서 지구 생태계가 회복 불가능에 이른다는 개념인데, 이에 대해 좀 더 알아보자.

티핑 포인트를
넘지 않으려면

티핑 포인트의 의미

미래의 우리 후손들은 기후변화의 영향에서 자유롭기 힘들 것이다. 과거의 우리 조상이 그랬던 것처럼 말이다. 그런데 향후 발전을 거듭할 과학기술을 활용해서 기후변화에 충분히 대처할 수도 있는 것 아닌가? 물론 그럴 수도 있겠지만 전망이 밝지만은 않다. 미래의 기후변화가 과거와는 다른 양상을 띨 가능성이 있기 때문이다. 과거의 기온은 주기적으로 0.5~1°C 정도 감소하고 회복하는 과정을 반복했다. 하지만 인류세의 기후는 큰 폭의 변화를 겪고 난 후에도 원래의 자리로 돌아가지 못한 채 계속 변화의 흐름 속에 있을지 모른다. 티핑 포인트의 존재 때문이다.

여기서 잠깐 1부에서 살펴본 과거의 기후변화 과정을 상기해 보자. 약 260만 년 전 제4기가 시작된 이후 빙기와 간빙기가 주기적으로 번갈아 가며 나타났다. 약 12만 년 전에 마지막 간빙기가 있었고, 1만 1700년 전부터 우리가 살고 있는 현 간빙기인 홀로세가 시작되었다. 그 사이에 마지막 빙기가 있었다.

대략 70만 년 전부터는 지구의 빙기가 약 11만 년 동안, 간빙기는 1만 년 동안 이어지는 상황이 되풀이되었다. 약 11만 년 정도 지속된 빙기 동안 대체로 기온은 매우 낮았지만 항상 낮았던 것만은 아니다. 기온이 치솟는 경우가 주기적으로 나타났다. 빙기에는 온도가 오르는 것이 비정상이므로 이런 상황이 발생할 때마다 지구의 자기 조절 작용이 기온을 낮췄고 지구는 정상으로 되돌아갔다.

그런데 1만 2900년 전에서 1만 1700년 전까지 한랭했던 영거 드라이어스Younger Dryas기가 끝나고 기온이 크게 오르던 시기, 예전과는 전혀 다른 상황이 펼쳐졌다. 그 전까지 10만 년 이상 믿음직스럽게 임무를 수행하던 지구의 자기 조절 작용이 무슨 이유인지 이 변화를 막지 못한 것이다. 아마도 이때의 기온 상승이 너무나 빨랐던 데다 큰 폭으로 일어났기 때문일 것이다. 그 결과 지구는 빙기를 벗어나 간빙기인 홀로세로 접어들었다. 이때 지구의 기온이 이른바 티핑 포인트를 넘어선 것이다. 티핑 포인트를 넘었기에 다시 빙기의 추운 상태로 되돌아가는 일은 일어날 수 없었다.

과거의 간빙기는 보통 만 년 정도 이어지다가 끝나곤 했다. 그렇다면 홀로세가 1만 1700년 전에 시작되었으므로 지구가 당장 어떠한 티핑 포인트를 넘어 빙기로 진입해도 크게 이상할 것이 없다. 갑작스럽게 빙기가 도래하여 기온이 떨어지면 인류는 물론 어려움에 처하겠지만 온난화에 따른 곤경에 비하면 나름대로 괜찮을지도 모른다. 인류는 빙기가 어떠한 환경이었는지 많은 연구를 통해 익히 알고 있으며 이런 변화에 적절하게 대처할 수 있는 역량 또한 갖추고 있다.

과거 1960~1970년대만 해도 곧 올지 모르는 빙기를 걱정하는 시각이 팽배했다. 미국의 유명 일간지인 《뉴욕 타임스》는 빙기의 자연스러운 냉각화와 점점 뚜렷해져 가는 인위적인 지구온난화를 함께 다루면서, 두 종류의 서로 상반되는 기후변화에 모두 대비해야 한다는 기사를 싣기도 했다. 다행스럽게도 인류가 다음 빙기를 걱정할 필요는 없을 것 같다. 현 간빙기가 앞으로도 4~5만 년은 더 지속될 것으로 보이기 때문이다. 우리는 이전의 간빙기와 달리 상당히 길게 이어질 간빙기에 살고 있다.

《뉴욕 타임스》기사에서 걱정한 두 가지 기후 문제 가운데 빙기의 냉각화는 이제 우려의 대상이 아니다. 반면 온난화는 현 인류가 직면한 최대의 전 지구적 환경문제로 등극했다. 지구는 인류의 온실가스 배출 탓에 수백만 년 동안 전혀 경험해 보지 못한 기후변화 과정을 겪는 중이다. 만약 기온이 티핑 포인트에 다다르기라도 한다면 다음에 어떠한 상황이 전개될지 우리는 전혀 예측할 수 없다. 과거에서 우리가 참조할 만한 사례를 찾을 수 없기 때문이다.

지구는 수십 차례 빙기에서 간빙기로, 간빙기에서 빙기로 전환되는 과정을 거쳤지만, 간빙기에서 더 뜨거운 이른바 '초간빙기'로 가는 과정을 거친 적은 없다. 초간빙기의 모습을 우리가 알 수 있는 방법은 없다. 지구 생태계와 인류가 매우 위험한 상황 속으로 빠져들 수도 있는 것이다.

따라서 인류는 스스로의 생존을 위해서라도, 가용한 모든 방법을 강구해서 지구가 티핑 포인트에 도달하는 것을 막아야 한다. 만약 지구가 티핑 포인트를 넘어 초간빙기로 들어간다면 인류의 미래는 장담할 수 없다.

티핑 포인트가 의미하는 바를 다음 그림을 통해 좀 더 알아보자. 그림에서 아래쪽 화살표 곡선은 지구가 과거에 자연스럽게 빙기와 간빙기로 오가던 상황을 가리킨다. 기온과 해수면은 간빙기 때 상승했고 빙기 때 하강했다. 위쪽 화살표 곡선은 지구가 인간의 온실가스 배출로 (아래쪽 화살

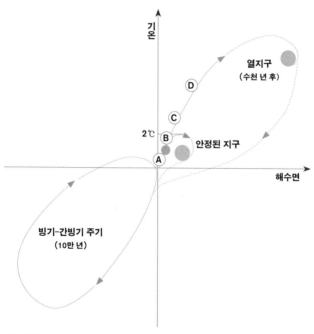

2°C의 티핑 포인트와 열지구[3]

표 곡선이 가리키는) 자연적인 기후변화 주기를 벗어났음을 보여준다.

그림에 따르면 지구는 현재 ⑧와 ⑧ 사이에 위치하며, 티핑 포인트는 산업화 이전 대비 +2°C이다. 만약 우리가 각고의 노력으로 기온 상승폭을 2°C 이내로 막을 수 있다면 지구는 결국 회복하여 과거의 빙기/간빙기 주기에 다시 합류할 것이다. 그러나 기온의 상승폭이 2°C를 넘게 되면 티핑 포인트를 지나는 셈이므로 지구는 초간빙기, 이 그림의 표현대로라면 '열지구Hothouse Earth'로 변모하고 수천 년 동안 그 상태를 유지할 것이다. 우려스럽게도 열지구에서 기온은 어느 정도일지 또 해수면은 얼마나 높을지 알 수 있는 방법은 없다.

만약 티핑 포인트를 우리가 알 수만 있다면 지구 생태계와 인류가 오랫동안 생존할 가능성은 한결 높아질 것이다. 그러나 티핑 포인트를 정확히 파악하는 것은 불가능에 가깝다. 이 그림에서는 +2°C로 간주했지만, +4°C일 수도, +6°C일 수도 있다. 이런 불확실성은 사람들이 티핑 포인트를 쓸모없는 개념으로 격하시키는 이유가 된다. 하지만 절대 그렇지 않다. 전문가들이 티핑 포인트를 강조하는 이유는 명확하다. 인류와 지구의 안전을 위해서다.

티핑 포인트를 보수적으로 잡는 이유

보통 전문가들은 티핑 포인트를 최대한 보수적으로 잡으려 한다. 티핑 캐스케이드tipping cascade 효과를 우려하기 때문이다. 캐스케이드는 계단식 폭포라는 뜻의 영단어이다. 티핑 캐스케이드는 여러 단의 티핑 포인트들이 길게 이어진 형태라고 이해하면 될 것이다.

평소 가문 곳이라 물이 흐르지 않는 계단식 3단 폭포가 있다고 가정해 보자. 폭포의 최상단에 비가 내려 이곳에 물이 흐르기 시작했다면 다음 단과 그다음 단에도 물이 흘러 내려 가는 것은 자명한 일이다. 지구 생태계도 마찬가지로 구성 요소들이 서로 복잡하게 얽혀 있으므로 어느 한 요소에서 문제가 발생하면 다른 요소들도 그 여파에서 자유로울 수 없다.

언론에서 산업화 이전 대비 1.5°C 혹은 2°C 이내로 기온 상승을 억제해야 한다고 말할 때 이 수치는 지구 전체의 티핑 포인트를 의미한다. 그러나 지구 전체의 티핑 포인트를 추정하는 일은 앞서 말했듯이 요소 간의 복잡한 연결고리 때문에 불확실성이 너무 크다. 학계는 지구 생태계를 여러 하위 생태계들로 구분하고 각 하위 생태계의 티핑 포인트를 제각기 추정하는 방법을 더 선호한다.

다음 그림은 윌 스테펀^{Will Steffen} 연구진이 제시한 자료로 지구를 구성하는 여러 하위 생태계의 티핑 포인트를 보여준다. 이들은 과학적인 근거에 기반하여 하위 생태계별로 티핑 포인트를 조금씩 다르게 잡았다. 이에 따르면 북극의 겨울철 해빙, 시베리아의 영구 동토층, 남극의 동부 빙하 등은 티핑 포인트가 +5°C 이상으로 한참 높다. 나름대로

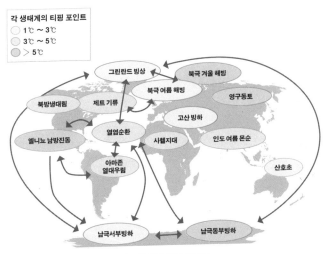

전 세계 주요 생태계의 티핑 포인트와 티핑 캐스케이드

안정적인 상태를 유지하고 있다고 볼 수 있다.

반면에 그린란드의 빙하, 북극의 여름철 해빙, 적도 서태평양 산호초, 고산 빙하 등은 티핑 포인트가 1~3°C밖에 되지 않으므로 이미 티핑 포인트에 도달했거나 근접했을 가능성이 있다. 그렇다면 우리가 앞으로 그린란드의 빙하, 북극의 여름철 해빙, 적도 서태평양 산호초, 고산 빙하만 잘 관리하면 인류세 위기에서 벗어날 수도 있단 뜻인가? 그럴 리 없다는 것은 누구나 잘 알 것이다. 지구를 구성하는 모든 것들은 다 연결되어 있다.

각 하위 생태계별 티핑 포인트 수치만 중요한 것이 아니다. 우리는 생태계들이 상호 간에 긴밀한 영향을 주고받는 다는 점에 더 주목해야 한다. 어느 한 생태계가 현격하게 변한다면 그 파장이 다른 생태계에게 바로 전달된다는 점이 위험한 것이다. 그런 일이 일어나면 안정적이라고 알려진 생태계마저 문턱이 낮아지면서 갑작스러운 변화에 직면할 수 있다.

하위 생태계들이 서로 영향을 미치면서 변화의 폭을 키우는 과정을 정확히 예측하기란 불가능에 가깝다. 따라서 우리의 안전 때문이라도 티핑 포인트는 보수적으로 낮춰

잡을 필요가 있다. +5°C 이상으로 표시되어 있는 생태계라고 해서 안심할 수 없다. 다른 요소로부터 영향을 받는 순간 기존의 티핑 포인트는 의미가 없어지니까.

생각보다 더 심각한 기후변화 문제

현재 지구온난화는 상당히 심각한 국면으로 접어들고 있다. 우리가 생각하는 것 이상이다. 지구온난화가 이대로 계속 이어진다면 가뭄, 홍수, 태풍, 폭염, 산사태, 산불, 해수면 상승, 전염병과 같은 자연 재해는 더욱 빈번하게 발생할 것이고, 생물종 다양성 감소, 식량 위기, 기후 난민과 같은 환경문제 또한 점차 심화될 것이다.

더욱 우려스러운 것은 이러한 기후변화의 충격이 취약계층에게 집중된다는 점이다. 현재의 기후위기를 불러온 과정에서 별반 기여한 바 없는 미개발국의 가난한 사람들이 서구의 선진국들이 야기한 기후위기의 피해를 고스란히 입고 있다. 이러한 이율배반적인 상황은 인류의 불공정함을 크게 부각시킨다. 사회적 약자들의 불만은 높아질 수밖에 없다.

기후변화와 식량 위기로 점증하고 있는 난민도 문제다.

앞으로 전 세계인은 기후난민으로 골머리를 앓을 것이다. 이미 유럽의 선진국들은 이주민 증가로 곤경에 처해 있다. 북아프리카나 중동에서 기후변화, 식량위기, 정치불안 등을 피해 이주하는 사람들이 늘어나자 각국의 국론이 분열되면서 사회통합에 장애로 작용하고 있기 때문이다.

최근 유럽에서 극우보수 이념을 앞세우는 정당이나 정치인들이 잘나가는 이유도 EU의 난민 정책에 반기를 들고 아프리카와 중동의 난민을 더는 수용하지 않겠다는 의지를 강력하게 피력했기 때문이었다. 이주민의 유입 빈도가 늘면 문화가 다른 집단 간에 갈등은 필연적으로 나타난다. 기존 국민 사이에서 자국 우선주의나 고립주의를 지지하는 경향이 강해질 수밖에 없다.

기후위기와 같은 전 지구적 환경문제를 해결하기 위해서는 어느 정도의 세계화는 꼭 필요하다. 과거 세계화가 다양한 문제를 일으킨 건 사실이다. 세계화는 신자유주의와 결부되어 빈익빈 부익부 현상을 심화시켰고 고유한 지역특성을 약화시켜 문화적 빈곤을 야기했다. 하지만 지금 인류가 겪고 있는 여러 위기 상황은 모든 사람들이 같은 생각을 가지고 함께 전진해야 풀 수 있는 문제이다. 세계화의 가치는 다시 중시되어야 한다.

그런데 안타깝게도 최근 탈세계화의 추세가 너무나 뚜렷하다. 앞서 말한 이주민 문제뿐 아니라 미·중 무역 갈등, 우크라이나 전쟁, 팔레스타인 전쟁 등이 이어지며 세계는 여러 조각으로 쪼개지고 있다. 전문가들이 작금의 기후위기를 극복하기가 쉽지 않을 것이라고 보는 이유는 여러 가지가 있는데, 최근 수면 위로 떠오른 탈세계화도 그중 하나이다.

기온은 앞으로도 계속 올라갈 가능성이 높고 기후위기 해결은 난망해 보인다. 전 지구적인 대책 마련이 현실적으로 쉽지 않다면 이제는 기후위기를 현실로 받아들이고 지역별로 적응 대책에 힘쓸 필요가 있다. 우리 각자가 기후위기의 심각성을 인지하고 이의 확산을 막기 위한 행동에 지금부터라도 나서야 한다. 나의 작은 행동이 지금의 위기 극복에 무슨 도움이 될까 하는 부정적인 생각을 버리자. 나의 생각이 주변에 널리 퍼져 모두의 마음을 한뜻으로 모으는 계기가 될 수도 있다. 지금은 긍정적인 사고가 필요한 때이다.

현 기후위기 시대에 엘니뇨 현상이 더
욱 거세지는 이유는 무엇인가?

지구온난화와 엘니뇨 간에 양의 상관관계가 있다
는 주장이 있긴 하지만 아직까지 입증된 바 없다.
오히려 반대로 지구온난화가 심해지면 엘니뇨 현
상이 사라질 것이라는 연구결과가 보고되기도
했다.

만약 둘 사이에 양의 상관성이 있다면 다음과
같은 이유 때문일 것이다. 열대 태평양에서는 연
중 무역풍이 불면서 따뜻한 바닷물을 서쪽으로 이

동시키므로 적도 서태평양의 해수면 온도는 높고 적도 동태평양의 해수면 온도는 낮다. 따라서 적도 서태평양에는 대기가 달궈지면서 저기압이 발달하게 되고, 적도 중태평양/동태평양에는 대기가 차가워지면서 고기압이 발달하는 것이 일반적이다.

그러나 기온 상승의 영향으로 열대 태평양에서 표층 해수의 온도가 전체적으로 상승한다면, 적도 서태평양과 적도 동태평양 상부 대기의 기압 차이가 감소하여 무역풍이 약해지고 엘니뇨가 강해지는 변화가 나타날 수 있다.

한편, 표층 해수의 온도가 전반적으로 오르면 해양순환이 약해지면서 온실가스와 대기열이 바닷속 깊이 전달되지 못하고 지구온난화는 더 심해지는 악순환이 나타날 가능성이 있다. 엘니뇨에 따른 단기적 기상 이변보다 장기적으로 볼 때 이 문제가 더 큰 위협을 야기할지 모른다.

영구 동토층이 녹아내리면 지구온난화는 더욱 심
화된다. 전형적인 양의 되먹임 사례이다. 녹은 동
토층 안에 갇혀 있던 탄소가 대기로 방출되어 온
난화를 가속시킨다. 동토층의 미생물은 유기물
을 분해하여 온실가스, 특히 메탄을 많이 만들어
내는데, 메탄은 이산화탄소보다 온실효과가 약
25배나 강할 정도로 강력한 온실가스이다. 온난
화가 심화되면 더 많은 동토층이 녹을 것이고 미생
물의 분해 활동은 더욱 활발해질 것이다. 그럼 탄
소가 더 많이 방출될 테니 온난화는 강화될 수밖
에 없다. 말 그대로 악순환의 고리에 걸려 있는 셈
이다.

또한 동토층이 녹아 땅이 불안정해지면 동토
층 상부의 주택, 도로, 파이프라인 등 인프라가 붕
괴될 위험이 커진다. 게다가 최근에는 동토층에
갇혀 있던 고대의 바이러스나 박테리아가 동토층

이 녹으면서 풀려나와 인간과 동물을 위협하고 있다. 2016년 러시아의 한 마을에서는 동토층의 사슴에서 빠져나온 탄저균 때문에 한 어린이가 목숨을 잃기도 했다. 이곳에서 마지막으로 탄저병이 보고된 해가 1941년이니 무려 75년 만에 다시 출현한 셈이다.

3부

여섯 번째 대멸종,

지구가 다시 리셋되기 전에

아마존 우림을 비롯한 전 세계 삼림이 인간의 무분별한 행위로 파괴되면서 지구의 생물종 다양성은 크게 감소하고 있다. 토양생태계는 심하게 훼손되었고, 해양 산성화와 해수 온도 상승으로 폐사하는 산호초 또한 늘고 있다. 이러한 변화는 필시 인류의 식량 위기를 불러올 것이다. 인간은 과연 지구의 '여섯 번째 대멸종'을 저지할 수 있을까?

생태계 위기,
지구의 붕괴 조짐이 보인다

인간의 생태계 교란과 종 다양성의 감소

인류는 산업혁명과 대가속 시대를 거치면서 생태계를 크게 교란시켰다. 그 결과 생물의 멸종률이 높아졌고 종 다양성도 급감했다. 생태계의 저항력과 회복력은 과거와 비교할 수 없을 만큼 약해졌다. 우리는 인간과 자연이 분리되어 있지 않으며 인류 또한 생태계의 일부라는 점을 명심해야 한다. 생태계가 인간의 과도한 간섭으로 흔들리게 되면 그 충격파는 생태계를 구성하는 모든 이들에게 향할 것이다. 만물의 영장이라지만 인류에게 이를 피할 만한 뾰족한 수 같은 것은 없다.

인간이 현재 지구 생태계에 저지르고 있는 만행 가운데

가장 위험해 보이는 것이 과도한 삼림 훼손이다. 특히 열대 우림의 손실 면적 증가는 상당히 우려스럽다. 이곳은 수많은 종류의 식물과 동물이 서식하는 종 다양성의 보고일 뿐 아니라 엄청난 양의 탄소를 저장하고 있는 탄소흡수원이기 때문이다. 열대우림의 훼손은 온난화를 가속화시켜 지구의 지속 가능성을 저해시키고 있다.

인도네시아의 보르네오섬에서 진행 중인 삼림의 교란 현장으로 한번 가보자. 영국 BBC가 이 섬의 위에서 찍은 항공사진을 보면 상당히 넓은 면적의 열대우림이 이미 사라진 것을 확인할 수 있다. 모두 이곳에 팜유 플랜테이션 농장이 조성되면서 생긴 변화이다. 인도네시아는 팜유를 신재생에너지인 바이오디젤로 가공하고 수년간 팜유와 바이오디젤을 유럽에 판매해 왔다.

그런데 최근에 EU가 인도네시아산 팜유와 바이오디젤 수입을 공식적으로 중단하면서 이를 둘러싸고 인도네시아와 EU 간에 무역 분쟁이 진행 중이다. EU는 열대우림을 파괴하면서까지 신재생에너지를 만드는 것은 오히려 지구의 지속 가능성을 낮추는 행위라 보았다. 기후위기만큼이나 생태계 위기도 심각한 것이 사실이므로 이 두 문제를 함께 관리해야 한다는 점을 강조한 조치라 할 수 있다.

전 세계에서 이탈리아 면적에 준하는 크기의 산림이 매년 사라지고 있다. 많은 이들이 우려하고 있음에도 2000년대 초반부터 지금까지 삼림이 소멸되는 속도는 제어되지 않은 채 오히려 증가 추세를 보인다. 그 여파로 종 다양성이 감소하는 모습 또한 뚜렷하다.

종 다양성이 감소하는 요인을 몇 가지로 간추려 보자면, ① 서식처의 질 저하, ② 인간의 개발, ③ 침입종, ④ 오염, ⑤ 기후변화 등을 들 수 있다. 특히 인류가 산업혁명 이후 도시화와 산업화를 거치면서 서식처를 교란시킨 것이 동식물의 멸종률이 높아진 핵심 원인이었다. 인간의 개발 과정에서 서식처 자체가 없어지거나 혹은 서식처의 질이 저하되면서 이에 견디지 못하고 사라지는 생물이 늘어났던 것이다.

더불어 인간이 야기한 온난화에 동식물이 적응하지 못하고 멸종되는 경우도 점점 늘고 있다. 앞으로 기후변화가 심화되면 멸종률이 더 높아질 것이라는 우려가 나온다. 인간이 서식처를 직접 망가뜨리기도 했지만 인위적인 기후변화를 통해 간접적으로도 생물의 멸종을 부추기고 있는 셈이다. 멸종률의 증가는 생태계의 회복력을 크게 떨어뜨려 지구 시스템을 불안정한 상황으로 내몰 가능성이 높다. 종 다양성 문제는 전 세계인의 주요 화두 가운데 하나로 이미 자리 잡았다.

흥미로운 것은 과거에도 지금과 유사하게 인간의 교란과 기후변화의 영향으로 생물의 멸종률이 높았던 경우가 있었다는 사실이다. 그 시기는 지구가 현 간빙기인 홀로세로 진입하기 직전, 바야흐로 마지막 빙기가 끝나가면서 기온이 빠르게 상승하던 때였다.

우리가 흔히 빙하기라고 부르는 플라이스토세가 260만 년 전부터 시작된 후 지금까지 적어도 20차례 이상 빙기와 간빙기가 있었다고 1부에서 이야기한 바 있다. 마지막 간빙기가 13만~12만 년 전에 있었고 이후 마지막 빙기가 11만 년간 이어졌다. 그리고 1만 1700년 전 지구는 현 간빙기인 홀로세로 진입한다. 마지막 빙기 막판에 많은 생물들이 사라졌는데 그 가운데 대형 포유류의 멸종이 두드러졌다. 특히 북아메리카에서 대형 포유류의 멸종률이 높았기 때문에 그 원인을 둘러싸고 전문가들 사이에서 오랫동안 논쟁이 거듭되었고 지금도 계속되고 있다. 기후변화에 따른 식생변화가 주된 원인이라고 주장하는 측과 인간의 과잉 사냥 때문이라고 주장하는 측이 팽팽히 맞서고 있다.

마지막 빙기가 끝을 향해 달리면서 기후가 급하게 변할 때, 마침 호모 사피엔스가 시베리아에서 베링 해협을 건너 북아메리카로 진입하고 있었다. 그 전에는 북아메리카에 호모 사피엔스가 살고 있지 않았다. 따라서 이곳의 대형 포유류 멸종이 인간 때문인지 아니면 기후변화 때문인지 밝혀내기가 상당히 어려울 수밖에 없다. 과거 수십 년 넘게 두 주장은 강하게 부딪혔는데, 지금은 인간과 기후변화가 함께 북아메리카의 대형 포유류들을 멸종으로 이끌었다는 가설이 많은 지지를 얻고 있다.

과거 북아메리카에서 있었던 멸종과 현재 전 세계에서 일어나고 있는 멸종은 그 주된 원인이 기후변화와 인간의 교란이라는 점에서 서로 유사하다. 전자는 자연적인 기후변화가, 후자는 인위적인 기후변화가 영향을 미쳤다는 점에서 다를 뿐이다. 두 사례가 우리에게 전달하는 메시지는 명확하다. 기후변화와 인간의 교란이 합쳐지는 순간 생태계가 받는 충격은 배가된다는 사실이다.

기후변화 가설과 과잉수렵 가설

기후변화 가설과 과잉수렵 가설을 지지하는 학자들 사이에 벌어진 논쟁에는 흥미로운 대목이 많다. 기후변화 가설을 지지하는 쪽에서는 자신들의 주장을 펼칠 때 보통 '버팔로'라고 부르는 아메리카들소를 앞세운다. 마지막 빙기에 북미 대륙에 서식한 대형 포유류는 아메리카들소 외에도 많았는데 하필이면 왜 이 동물을 그렇게 중시하는 걸까? 우선 마지막 빙기에 이곳에는 어떤 동물들이 살고 있었는지부터 간단하게 살펴보자.

먼저 초대형 땅늘보가 살고 있었다. 늘보 하면 보통 중남미 열대우림에서 하루의 대부분을 나무에 매달려 사는 나무늘보가 떠오른다. 하지만 당시 북아메리카에서는 그보다 훨씬 거대한 늘보가 땅 위를 돌아다녔다. 그리고 털 달린 코끼리라 할 수 있는 거대한 몸집의 매머드와 이와 유사하게 생긴 마스토돈도 서식하고 있었다. 이 외에 최상위 포식자였던 검치호랑이, 두꺼운 피부를 자랑하던 코뿔소, 현재 인류의 중요한 가축들인 말과 낙타도 있었다. 그러나 이들은 모두 플라이스토세가 끝날 때 북아메리카에서 홀연히 사라졌다. 왜 이런 일이 벌어졌을까?

마지막 빙기가 끝나면서 북아메리카의 기후는 점점 온난, 습윤해졌고 이곳에 넓게 퍼져 있던 초지에 나무가 하나둘 들어오기 시작했다. 이는 주로 초원의 풀을 뜯어먹고 사는 대형 초식 포유류들에게는 악몽과 같았다. 먹을 풀이 부족해지면서 초식 동물이 사라지자 검치호랑이 같은 육식 동물도 함께 사라졌다.

여러 대형 포유류들이 동시에 멸종될 때 북미 대륙에서 거의 유일하게 살아남은 동물이 아메리카들소, 즉 버팔로였다. 버팔로는 홀로세 초기에 개체수가 급증한 후 홀로세 내내 이곳의 넓은 공간을 홀로 독차지하다시피 했다. 아메리카에 도착한 유럽인들이 "백인의 길이 시작되는 곳에서 버팔로의 길이 끝난다"라고 이야기할 만큼 북미 대륙은 원래 버팔로의 땅이었다. 유럽에서 건너온 초기 이주민들에게 넓은 들판을 횡단하는 수많은 버팔로 무리는 북아메리카를 상징하는 이미지였다. 그런데 빙기에서 간빙기로 변하는 과정에서도 살아남았던 강인한 동물이었건만, 유럽인의 난폭한 성정은 불과 300여 년 만에 버팔로를 멸종위기로 내몰게 된다.

버팔로는 초지가 줄어들고 숲이 조여올 때 맛없는 나뭇

잎이나 나무껍질을 먹으면서 버텼다. 기후변화로 먹을 풀이 부족해지자 대부분의 대형 포유류들은 속절없이 사라졌지만 버팔로는 변화한 환경에 적응하면서 살아남았다. 버팔로는 북미에 살던 대형 포유류의 멸종 요인이 기후변화였다는 주장을 강력히 지지한다.

한편, 당시 동물의 멸종률을 높인 요인으로 인간의 과잉 수렵활동을 중시하는 학자들은, 지역마다 인간이 처음 진입한 시기에 많은 동물들이 멸종했다는 역사적 사례들을 증거로 내세운다. 가령 아프리카 동쪽의 마다가스카르섬에서는 대형 포유류의 생존율이 약 1000년 전에 갑자기 하락했다. 앞서 말했듯이 북아메리카에서는 약 1만 년 전에 대형 포유류 생존율이 급락했다. 오스트레일리아 같은 경우는 4~5만 년 전에 비슷한 변화가 나타났다. 이 시기들은 각 지역으로 호모 사피엔스가 처음 이주한 시기와 정확히 맞아떨어진다.

오스트레일리아, 북아메리카, 마다가스카르의 대형 동물들이 사람과 처음 마주했을 때를 상상해 보자. 호모 사피엔스는 다른 동물에게 위압감을 줄 만한 외형을 갖추지 못했다. 몸집이 큰 것도 아니고 손발톱이나 이빨이 길거나 날

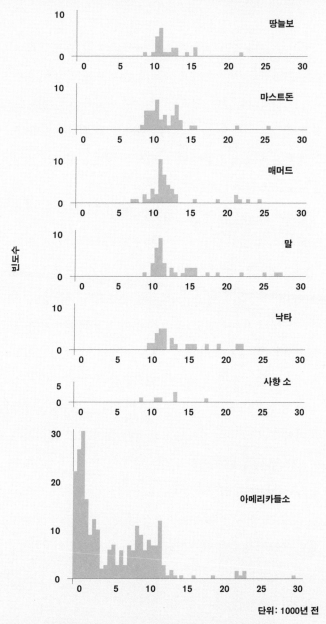

빈도수

10		땅늘보
0		

0 5 10 15 20 25 30

10		마스트돈
0		

0 5 10 15 20 25 30

10		매머드
0		

0 5 10 15 20 25 30

10		말
0		

0 5 10 15 20 25 30

10		낙타
0		

0 5 10 15 20 25 30

5		사향 소
0		

0 5 10 15 20 25 30

30

20

10 아메리카들소

0

0 5 10 15 20 25 30

단위: 1000년 전

플라이스토세가 끝나던 무렵 발생한 북아메리카 대륙의 대형 포유류 멸종

카롭지도 않아 별로 위협적으로 느껴지지 않는다. 하지만 인간은 탁월한 언어 능력을 바탕으로 소통과 협동에 능한 뛰어난 사냥꾼이었다. 인간을 처음 본 동물들이 그것을 알 았을 리 없다. 불쌍한 동물들은 인간을 경계하지 않았다. 그 결과는 죽음의 광풍이었다. 단시간 내에 개체수는 크게 줄어들었고 결국 멸종을 피할 수 없었다. 이것이 과잉수렵 가설이다.

한편 이와 전혀 다른 이야기를 전하는 아프리카의 사례 또한 과잉수렵 가설의 신빙성을 높인다. 다른 지역과 달리 아프리카에서는 수백만 년간 대형 포유류의 생존율이 거 의 비슷하게 유지되었다. 우리가 흔히 동물원에서 보는 대 형 동물들은 대부분 아프리카에서 서식하는 종으로, 아프 리카는 대형 포유류의 보고나 다름없다. 이곳에서만 다수 의 대형 포유류가 살아남았던 이유는 뭘까?

과잉수렵 가설을 지지하는 이들은 그 이유를 호모사피 엔스뿐 아니라 대부분의 고인류들이 모두 아프리카에서 진화했다는 사실에서 찾는다. 오랫동안 오스트랄로피테쿠 스, 호모 에렉투스, 호모 사피엔스 등과 아프리카에서 공존 했던 동물들은 인류의 무서움을 익히 알고 있었다. 아프리

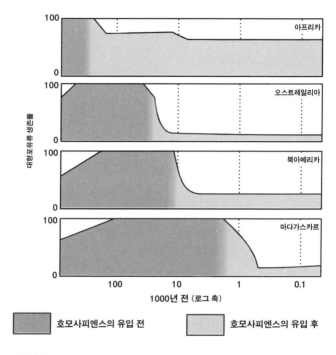

대형포유류 생존률

100 ··· 0 — 아프리카

100 ··· 0 — 오스트레일리아

100 ··· 0 — 북아메리카

100 ··· 0 — 마다가스카르

100   10   1   0.1
1000년 전 (로그 축)

호모사피엔스의 유입 전   호모사피엔스의 유입 후

인간의 유입과 대형 포유류의 멸종

카의 대형 동물과 인류는 서로 견제하고 조심하며 공진화의 길을 걸었다. 대형 포유류의 종 다양성은 유독 아프리카에서 높다. 이러한 사실은 과잉수렵 가설을 지지한다.

앞에서 이야기했듯이 학계에서는 이 두 가설을 모두 받아들이고 있다. 대형 포유류의 멸종에 인간의 과잉수렵과 기후변화가 공히 중요한 역할을 했다는 것이 다수 학자들의 의견이다.

생존을 위한 이동 혹은 적응, 그리고 그 한계

대부분의 생물은 자기 고유의 이동 능력을 갖고 있다. 과거에 기후가 변할 때면 동식물은 움직이면서 생존의 길을 찾았다. 서식처의 기온이 오르면 북쪽으로 이동하거나 높은 곳으로 올라갔다. 그런데 지금은 그렇게 대응하는 것이 예전보다 훨씬 어려워졌다. 인간이 주변을 너무 많이 개발한 탓이다. 도시, 도로, 공장, 댐이 난립하면서 야생동물은 옴짝달싹하기도 힘들다. 이동을 해야 하지만 한자리에 머무를 수밖에 없다.

　이동이 어렵다면 변하는 환경에 유전적으로 적응하는 방법은 어떨까? 최근의 기온 상승 속도는 너무나 빠르다. 안타깝지만 생물이 유전적 변화로 그 속도를 따라잡기란 힘겨워 보인다. 마지막 빙기에서 홀로세로 넘어올 때, 즉 1만 8000년 전에서 1만 년 전까지 대략 8000년간 기온은 약 6~7°C 정도 올랐다. 지금은 약 250년 만에 1.1°C가 상승했다. 과거와 비교할 때 지금의 기온 상승 속도가 무척 빠르다.

간혹 표현형의 유연성(가소성)이 높은 종들이 있다. 이런 종은 자기 몸을 변형시키면서 온난화에 적응하곤 하므로 기온 변화에도 버틸 수 있다. 적응력이 높은 종들이다. 반면 상대적으로 표현이 유연하지 못한 동물들은 빠르게 멸종의 길을 걷게 될 것이다. 기후위기는 이미 인간의 무분별한 개발로 심각해질 대로 심각해진 종 다양성 문제를 더욱 악화시키고 있다.

생물종 다양성의 중요성

그런데 우리에게 생물종 다양성은 왜 중요한 것일까? 도대체 생물종 다양성이 지구 생태계와 인간에게 얼마나 중요하기에 이렇듯 우리는 종 다양성에 신경을 쓰는 것일까?

각 생명체는 식물이든 동물이든 생태계 내에서 고유한 가치와 기능을 갖는다. 만약 어떤 생태계 내에 특정 종을 대신할 만한 다른 종들이 없다고 가정해 보자. 그 종이 절멸하는 순간 해당 생태계는 저항력과 회복력이 낮아져 안정성을 잃게 될 것이다.

그러한 종들 가운데에서도 생태계 내에서 특히 중요한

역할을 하는 종들이 있다. 학자들은 이들을 보통 핵심종 혹은 쐐기종keystone species이라 부른다. 핵심종들은 대부분 풍기는 분위기부터 남다르다. 가령 북아메리카의 회색늑대와 그리즐리곰, 아프리카의 코끼리, 북태평양 연안의 해달, 마다가스카르의 붉은털원숭이, 열대바다의 산호초 등이 각 지역의 핵심종으로 잘 알려져 있다.

코끼리는 보통 사바나 초원에서 살지만 열대우림에서 사는 코끼리도 있다. 다른 아프리카코끼리에 비해 작은 종으로 둥근귀코끼리라고 부른다. 아프리카코끼리가 자신의 육중한 다리로 끊임없이 밟아대면서 사바나 지대에서 나무를 제거하는 사바나의 핵심종이라 한다면, 둥근귀코끼리는 아프리카 열대우림의 핵심종이다. 열대우림에서 이 동물이 중요한 이유는 이들이 다양한 과일을 먹는 데다 이동 거리가 길기 때문이다. 이들은 과일의 씨를 여러 곳에 배설하면서 열대우림의 나무를 멀리 퍼트리는 데 중요한 역할을 한다. 식물에게 씨앗 확산 메커니즘은 매우 중요하다. 씨앗이 널리 퍼지지 않으면 같은 종내 경쟁이 심해지기 때문에 개체수를 유지하거나 늘리기 어렵다.

둥근귀코끼리가 좋아하는 과일 가운데 배꼽과일이라는

것이 있다. 이 과일은 외양이 마치 배꼽처럼 생겼다고 해서 이런 우스꽝스러운 이름이 붙었다. 그런데 배꼽과일은 껍질이 무척 단단해서 웬만한 동물은 그 껍질을 깨고 과일을 먹는 것이 거의 불가능하다. 오직 둥근귀코끼리만 단단한 상아를 이용해서 배꼽과일을 먹고 씨앗을 퍼뜨릴 수 있다. 혹여 둥근귀코끼리가 열대우림에서 사라지기라도 한다면 배꼽과일 나무 또한 같은 운명에 처하게 될 것이다.

이렇듯 생태계 내에서 어떤 한 종이 멸종하면 주변의 다른 종들도 충격을 입게 된다. 단지 종 하나가 사라진 것뿐이라며 가벼이 넘길 문제는 아닌 것이다. 종 하나하나의 가치를 높이 보고 멸종의 속도를 늦춰야 한다. 부지불식간에 사라진 종이 우리가 미처 인지하지 못한 핵심종일 수도 있다. 이럴 경우 생태계 전체의 저항력이 크게 떨어질 수 있으니 유념해야 한다.

갑자기 외부 충격이 가해지더라도 생태계를 구성하는 종이 다양하다면 그 충격을 이겨내는 종들이 어디선가 나오게 마련이다. 이후 얼마간의 시간만 주어지면 살아남은 종들을 중심으로 생태계는 다시 회복된다. 종 다양성이 높은 생태계는 극심한 환경변화에도 무너지지 않고 버틸 수

있다. 그러나 그렇지 못한 생태계는 저항력과 회복 탄력성
이 낮으므로 작은 변화에도 쉽게 흔들린다.

지구 생태계의 안정성은 인류의 지속 가능성을 결정하
는 핵심 요소이다. 우리 인류가 오랫동안 지구에서 인간다
운 삶을 누리길 원한다면 다른 생물과 공존할 수 있는 방법
을 찾아야 한다. 이들의 생존 활동을 돕지는 못할망정 오히
려 방해만 하고 있는 인간이 자신의 영달을 위해 건강한 지
구 생태계를 원한다면 그야말로 모순이다.

무엇보다 인간이 스스로의 이익을 위해 다른 생물의 멸
종을 조장하거나 방치하는 행위는 윤리적으로 옳지 않다.
지구 생태계를 구성하는 여러 생물 가운데 하나일 뿐인 인
간이 무슨 권리가 있어 다른 종들의 생존을 위협한단 말
인가.

다분히 인간중심적인 사고이긴 하지만 생태계의 높은
종 다양성은 인간 사회에 여러모로 도움을 준다. 식량 및
관광 자원, 신약 개발, 기술 아이디어 확보, 정신 건강 증진
등 자연으로부터 인간이 얻을 수 있는 혜택은 무궁무진하
다. 인류가 생물종 다양성을 유지하는 일에 무심해서 혹여
미래의 식량이나 약으로 이용할 수 있는 종들을 잃게 된다

면 경제적으로도 큰 손해라 할 것이다.

　인간이 산업 발전에 활용한 참신한 아이디어들은 대부분 자연을 모방한 것들이다. 예를 들어 일본의 고속열차는 물총새의 부리를 보고 설계했고, 항공기 날개는 새의 날개를 본뜬 것이며, 의료용 초음파는 박쥐의 초음파를 모방한 것이다. 방수 재료는 연잎의 표면을 모방한 것이고, 어떤 건축가는 개미집을 관찰하면서 건물 설계의 아이디어를 얻었다. 태양광 패널 또한 광합성을 하는 잎에서 영감을 받아 만든 것이고, 따개비와 홍합의 강력한 접착 원리는 인공 접착제의 개발을 이끌었다.

　국화과 식물 도꼬마리는 주변에 흔한 식물로 그다지 특별해 보이지 않지만 겉모습만 보고 무시할 식물이 아니다.

도꼬마리 씨앗

도꼬마리의 씨앗은 표면에 갈고리같이 생긴 침을 여러 개 가지고 있다. 이것으로 동물 털이나 사람 옷에 붙어 멀리 이동할 수 있다. 도꼬마리에게는 갈고리 침이 유전자 전파를 돕는 핵심 기관인 셈이다. 흔히 우리가 찍찍이라고 부르는 벨크로 테이프가 이 씨앗의 독특한 모양에서 착안되었다. 벨크로 테이프는 의류, 신발, 전선 정리, 의료 기기, 스포츠 장비 등 우리 주변에서 다양하게 활용된다. 연결할 때나 고정할 때 특히 유용하다.

파괴되는 산림,
황폐화하는 지구

아마존 삼림 파괴로 본 정책의 중요성

남아메리카의 아마존강 유역, 아프리카의 콩고분지, 인도네시아의 보르네오섬 등은 대표적인 열대우림 지역이다. 앞 장에서 보르네오섬의 삼림 파괴 상황을 잠시 언급한 바 있다. 이번에는 아마존의 삼림 파괴 문제를 살펴보자.

열대우림은 수많은 종이 살아가는 종 다양성의 보고로, 지구 생태계를 지탱하는 핵심 경관이다. 또 매우 중요한 탄소흡수원이기도 하다. 이런 곳이 파괴되면 멸종률이 급증하여 지구 생태계의 안정성은 크게 흔들릴 수밖에 없다. 동시에 온실가스 배출량이 증가하여 지구온난화는 더욱 심화될 것이다. 온난화의 속도가 빨라지고 강수량이 감소하면서 더 많은 열대우림이 사라진다. 열대우림 면적이 감소하면 대기 중 온실가스 농도는 또 높아진다. 전형적인 양의 되먹임 현상이다.

지구와 인류의 앞날은 삼림의 적절한 보존 여부가 결정할지 모른다. 다양한 유형의 삼림 가운데 열대우림, 특히 아마존 열대우림이 중요하다. 가장 면적이 넓을 뿐 아니라 서식하는 생물의 개체수 또한 가장 많기 때문이다. 이곳의 손실이 가속화될수록 인류의 미래는 더욱 어두워질 것이다.

아마존 삼림이 파괴되는 속도가 예사롭지 않다고 느낀 서구 선진국의 수반들은 2003년 브라질의 대통령으로 취임한 룰라에게 아마존의 보호를 요청했다. 아마존 삼림의 유지 여부가 전 지구 생태계의 미치는 영향을 고려한 국제 사회의 움직임이었다. 룰라 대통령은 이 요청을 받아들였고 2005년 이후 적극적으로 열대우림의 보호 정책을 펼쳤다. 그 결과 내리 6년간 아마존의 연간 손실 면적을 크게 감소시키는 업적을 남긴다.

룰라 대통령은 아마존을 개발하게 되면 단기적으로 자국의 경제성장에 도움이 될지는 몰라도 결국에 생태계 파괴가 부메랑같이 돌아와 나라의 발목을 잡을 것이라 생각했다. 게다가 아마존의 파괴는 단지 브라질만의 문제가 아니었다. 전 세계에 걸쳐 엄청난 부작용을 가져올 수도 있는 문제였다. 그는 장기적인 관점에서 환경 보존을 우선하는 것이 옳다고 판단했다.

룰라가 두 번의 대통령 임기를 끝낸 후 같은 좌파 진영의 정치인이 대통령직을 이어받았다. 열대우림의 보존 정책은 효과적으로 운용되었고 2018년까지 연간 손실 면적은 낮은 수치를 유지했다. 하지만 좋은 기간은 그 이상 길게 이어지지 않았다. 좌파 정권의 거듭된 실정에 국민이 등을 돌리자 극우 성향의 보우소나루라는 정치인이 기회를 잡았고 상황은 급변했다.

그는 2019년에서 2022년까지 브라질의 대통령을 역임하면서 여러 논란의 중심에 섰는데, 미국의 트럼프 대통령(2017년 1월~2021년 1월 재임기)과 상당히 흡사한 움직임을 보였다. 시장 친화적인 경제정책을 추진했고 소수자에 대한 폄하 발언으로 인권 단체들과 갈등을 빚었다. 대통령이 경제성장을 최우선 순위에 놓자 자연스럽게 환경문제는 도외시되었다. 아마존 열대우림은 다시 고삐 풀린 개발의 늪으로 빠져들었다. 훼손 면적은 늘기 시작했고 급기야 우림에서 대규모 화재까지 발생했다. 룰라 전 대통령과의 차이가 부각되면서 보우소나루 대통령을 향한 국제사회의 비판 목소리가 높아졌다. 두 정치인이 펼친 상반된 정책에 전 세계의 허파인 아마존 열대우림이 큰 영향을 받은 것이다.

지구의 환경위기를 극복하기 위해서는 우선 사회적 가치가 전환되어 경제성장보다 생태계의 지속 가능성을 중시하는 분위기가 조성되어야 한다. 그렇게 되면 전 세계인이 상황의 심각성을 인지하고 이를 호전시키기 위해 합심하는 것이 훨씬 수월해질 것이다. 그렇지만 앞서 보았듯이 기후와 생태계 위기에 적극 대처하는 현명한 지도층의 존재 또한 이에 못지않게 중요하다고 생각한다. 한 명의 정치인이 가진 신념이 지구 생태계 전체를 살릴 수도 있고 반대로 위협할 수도 있다.

아마존 열대우림의 교란

아마존 열대우림은 종 다양성의 보고일 뿐 아니라 중요한 탄소 흡수원으로, 지구에서는 대체 불가능한 생태계라 할 수 있다. 특히 작금의 환경위기 시대에 아마존의 중요성은 아무리 강조해도 지나치지 않다. 그런데 우려스럽게도 아마존 열대우림은 외부 교란에 매우 취약하다. 다시 말해 한 번 훼손되면 다시 정상으로 회복시키기가 상당히 힘들다. 왜 그런 것일까? 키 큰 나무들이 촘촘히 자라는 아마존 유역이 생태적으로 취약한 곳이라니 언뜻 이해가 되지 않을 수 있다.

먼저 이 지역의 토양부터 논의해 보자. 아마존은 생물의 생체량이 많아 토양이 비옥할 것이라고 생각하기 쉽지만 사실 이곳은 오히려 토양이 척박하다. 1년 내내 비가 많이 내리는 곳이라 토양의 영양분이 물에 쓸려 하천을 통해 바다로 흘러나가기 때문이다. 따라서 이곳의 영양분은 대부분 나무 안에 들어 있고 토양에는 거의 없다시피 한다. 나무가 죽은 다음에는 부패가 빠르게 일어나고 여기서 나온 영양분이 다시 어린 나무에 공급된다. 이 과정이 매우 빠르게 일어나기에 토양이 척박해도 큰 문제는 없다.

그런데 여기서 콩 재배를 위해 삼림을 개간하거나 불법으로 나무를 베어 내다 팔면 무슨 일이 벌어질까? 이곳은 영양분이 부족한 토양 탓에 더는 나무가 살기 어려운 불모

지로 변할 것이다. 열대우림 손실은 앞으로 인류에게 어떠한 후폭풍을 몰고 올지 모른다. 나중에 혹 아마존의 중요성을 깨닫고 이를 정상으로 회복시키려 해도 쉽지 않을 것이다. 이미 초지로 변해버린 곳에 원래 살던 나무들을 다시 도입하기란 쉬운 일이 아니다. 아마존의 토양은 재생의 힘을 갖고 있지 않다.

나무가 사라지면 아마존 유역의 물 순환에도 문제가 발생한다. 이 또한 아마존의 미래를 어둡게 하는 요소이다. 아마존 유역의 수많은 나무들은 증산과 증발 작용을 통해 엄청난 양의 수증기를 대기로 내뿜는다. 이 수증기는 상승하면서 구름을 형성하고 비를 뿌린다. 이렇게 국지적으로 일어나는 물 순환은 열대우림의 유지에 절대적인 역할을 한다. 여기서 나무를 없애버리면 무슨 일이 일어나겠는가. 증발량과 증산량이 감소하면서 금방 가물어질 것이다. 훼손된 열대우림을 되돌리기 어려운 이유가 척박한 토양에만 있는 것이 아니다. 물 순환의 교란으로 강수량이 줄어드는 것도 열대우림의 회복을 어렵게 하는 요인이다. 비가 부족한 곳에 비의 숲, 우림이 들어설 리 만무하다.

앞서 여러 번 언급했지만 열대우림의 축소는 지구온난

화를 강화한다. 한편 기온 상승이 강수량에 미치는 영향은 지역별로 천차만별이다. 한국에서는 온난화가 강수량을 늘려 홍수 피해를 키울 가능성이 있는데, 아마존 유역은 그렇지 않은 것 같다. 특히 아마존 남동부 지역은 온난화가 지속되면 가뭄이 더 심해질 것이라는 예상이 지배적이다.

　지구온난화로 아마존의 강수량이 감소하면 나무 개체 수가 줄면서 대기 중 온실가스의 양은 늘어날 것이다. 많은 이들의 억제 노력에도 불구하고 여전히 아마존 열대우림의 연간 탄소 배출량은 흡수량을 초과하고 있다. 즉, 사라지는 나무가 새로 자라는 나무보다 많다는 뜻이다. 아마존은 현재 온난화와 가뭄이 서로를 강화하는 양의 되먹임 속에서 사라져 가고 있다. 지구온난화의 제어에 실패한다면 결국 인간은 아마존이 없는 세상에서 살게 될 것이라는 극단적인 예측마저 나온다.

고위도 삼림의 파괴

열대우림만 사라지고 있는 것이 아니다. 러시아나 캐나다와 같은 고위도 국가의 침엽수림 또한 상황이 좋지 않다. 학자들이 흔히 타이가 식생이라고 부르는 삼림이다. 우선 러시아에서는 부실한 규제로 불법적인 벌목이 성행하고 있다는 점이 문제다. 환경 선진국이라 할 수 있는 캐나다에서도 목재 산업이나 가스 개발로 타이가 식생의 피해가 늘고 있다.

최근에는 기후변화가 고위도 삼림 지역의 새로운 골칫거리로 등장했다. 지구온난화로 건조해지면서 산불 빈도가 크게 증가한 것이다. 침엽수는 특히 가연성 물질을 많이 포함하므로 침엽수림의 산불은 매우 빠르게 번진다. 한번 불이 나면 통제가 어려운 상황으로 치닫기 쉽다. 2019년 여름에는 시베리아에서 대형 산불이 일어 광범위한 삼림이 파괴되었다. 2023년에는 봄부터 가을까지 캐나다의 침엽수림이 장기간 불에 타면서 인간 사회와 생태계에 많은 피해를 입혔다. 옆 나라 미국의 뉴욕 하늘이 잿빛 연기로 가득 찰 정도였다. 산불 외에도 기후변화로 해충과 질병까지 확산하면서 고위도 국가들은 삼림 관리에 많은 어려움을 겪고 있다.

이미 여섯 번째 대멸종은 진행 중

곤충 소멸이 가져올 식량 위기

멸종위기종의 수는 포유류, 조류, 파충류, 양서류, 어류 등 모든 동물 분류군에서 증가하고 있다. 특히 독일에서는 1990년부터 2015년까지 단 25년 만에 자국에 서식하는 곤충의 4분의 3이 사라졌다는 연구 결과가 발표되면서 사회의 큰 반향을 불러왔던 적이 있다. 독일만 그러하겠는가. 유럽의 모든 나라에서 곤충 개체수는 눈에 띄게 감소하고 있다.

한국도 마찬가지로 비슷한 문제를 안고 있다. 최근 들어 봄철만 되면 꿀벌의 감소를 우려하는 기사가 쏟아져 나온다. 꿀벌은 가장 중요한 꽃가루 매개자이다. 이들이 부족해지면 꽃가루가 암술로 전해지지 않아 식물 생산성은 급감하게 된다. 꿀벌뿐 아니라 호박벌, 나비, 나방, 딱정벌레 등 꽃가루받이를 돕는 다른 곤충들의 개체수 또한 줄어들고 있다. 곤충의 감소는 앞으로 식물 생태계의 저항력을 저하시키는 핵심 요인으로 부상할 가능성이 높다.

곤충의 소멸이 식물 생태계에만 위험한 것이 아니다. 곤충의 개체수가 극단적으로 감소하게 되면 인간은 머지않아 식량 위기를 겪게 될 것이다. 사람이 일일이 붓에 꽃가루를 묻혀 암술에 문질러 줄 수도 없는 노릇이니 작물 생산량이 감소하면서 식량은 부족해질 것이다.

인상적인 크기를 자랑하는 다른 동물에 비해 사람 눈에 잘 띄지도 않는 곤충은 대부분 징그럽거나 혹은 성가신 존재로 받아들여진다. 그러나 이들이 생태계 내에서 담당하는 기능은 대체 불가능한 경우가 많다. 예를 들어 앞서 봤듯이 꽃가루를 전달하고, 죽은 동식물을 분해해서 영양분의 순환을 도우며, 토양의 질을 높인다. 우리가 주변에서 쉽게 볼 수 있는 동물이라고 해서 곤충의 중요성을 간과해선 안 된다. 만약 곤충이 사라지면 생태계의 작동은 그 즉시 멈출 것이고 인류 또한 지구상에서 더는 버티기가 힘들어질 것이다.

곤충의 생존을 위협하는 요인은 도시 개발, 살충제 사용, 병충해의 창궐, 기후변화 등 다양하다. 최근엔 특히 기후변화의 영향이 사람들 입에 자주 오르내리고 있다. 예를 들어 온난화로 평년에 비해 봄이 일찍 시작하는 경우가 늘면서 꽃이 피기도 전에 꿀벌이 먼저 활동하는 불협화음이 일고 있다. 식물은 꽃가루받이에 어려움을 겪고 꿀벌은 먹이를 제때 얻지 못해 번식에 실패한다. 또 이른 봄에 밖을 돌아다니다가 밤에 벌집으로 돌아오지 못하고 얼어 죽는 문제도 함께 발생하고 있다. 꿀벌이 갑작스러운 기온 상승에 혼란을 겪으면서 제 기능을 못한다면 식물의 생산성이 떨어질 수밖에 없다. 그럼 식물에 갇혀 있어야 할 탄소가 대기로 빠져나올 테니 온실효과는 더욱 강화될 것이다. 기후위기와 생태계 위기는 이렇듯 항상 맞물리면서 나타난다.

토양생물 다양성의 위기

토양 속에는 세균, 바이러스, 지렁이, 진드기와 같이 다양한 분해자들이 서식한다. 이들이 동식물의 사체나 배설물을 신속히 분해해 주기 때문에 생태계 내에서 탄소 순환이나 질소 순환이 원활하게 이뤄진다. 그런데 역시나 토양생물 또한 인간의 교란과 기후변화로 생존을 위협받고 있다. 만약 토양생물이 지금의 속도로 계속 감소한다면 지구 생태계의 안정성은 과거에 비해 크게 저하될 것이다.

도로를 포장하거나 광물을 채굴하고 농사를 지으면 토양은 물리적인 교란에 노출될 수밖에 없다. 과거에 논밭을 갈 때는 쟁기를 사용했지만 지금은 대부분 경운기를 사용한다. 경운기의 무게로 다져진 토양은 빗물에 의한 침식에 취약하므로 토양 속의 미생물 또한 피해를 입게 된다. 더불어 화학비료, 살충제, 제초제 등은 토양생물과 관련 없는 이유로 뿌려지지만 토양생물을 직접 공격하여 이들의 생존을 어렵게 만든다. 인간이 남용하는 항생제나 자연 상태에서 분해가 어려운 미세플라스틱도 토양생태계의 건강을 해치는 대표적인 인공물이다.

화석연료의 사용은 온실효과만 강화하는 것이 아니다. 화력발전소의 매연이나 자동차 배기가스 속에는 이산화황과 질소산화물이 포함되어 있는데, 이들이 대기의 수증기와 반응하여 산성비를 형성한다. 산성비는 토양을 산성화시켜 토양생물의 다양성에 치명적인 피해를 입히며 지상 식물의 성장에도 장애로 작용한다.

농업 생산성을 높이려고 화학비료를 지나치게 사용하는 것도 문제다. 특히 질산염 비료는 토양을 산성화시키는 주범이다. 인산염 비료 또한 과도하게 뿌리면 토양에 인이 많이 잔류하여 작물 성장에 오히려 해가 된다. 두 비료 성분 모두 비가 내릴 때 농지에서 강으로 쉽게 흘러나오므로 수질 오염과 부영양화를 피할 수 없다. 토양의 산성화나 인의 토양 잔류는 토양생물의 건강을 해쳐 생태계의 균형을 깨뜨린다. 자연환경이 훼손되는 것을 막기 위해서라도 화학비료는 과도하지 않게 적정한 수준으로 투입하는 것이 중요하다. 하지만 이는 결코 쉽지 않은 일이다.

최근 유기농법이 인기를 끄는 이유가 괜한 것이 아니다. 유기농법은 화학비료나 농약을 사용하지 않고 농작물을 재배하는 방법이다. 토양의 질과 토양생물의 다양성을 높이는 데 도움이 된다. 토양 훼손 없이 장기적으로 농업 생산성을 유지할 수 있으므로 인류세 시대에 어울리는 농경 방식이라 할 것이다.

유기농법이 보편화되고 관련 기술이 좋아지면서 이 방

식으로 생산된 작물의 가격이 조금씩 떨어지고 있다. 그러나 여전히 부담스러운 가격임에는 분명하다. 환경과 건강의 가치를 중시하는 소비자라면 충분히 감수할 만한 수준까지 낮출 필요가 있다. 인구를 억지로 줄일 수는 없는 노릇이니, 앞으로 토양생태계의 지속 가능성은 유기농법의 활성화에 달려 있다고 해도 과언이 아닐 것이다.

토양생물 또한 예외 없이 기후변화에 취약하다. 일반적으로 축축한 곳을 선호하는 토양생물에게 온난화에 따른 가뭄은 사형 선고나 다름없다. 반대로 온난화가 폭우의 강도를 높인다면 토양생물은 토양이 침식될 때 함께 쓸려나가는 참사를 자주 겪게 될 것이다.

기후변화는 지구 생태계의 거의 모든 부문에 부정적인 영향을 미친다. 지구상의 생물들은 자신의 특정 서식처에서 기존의 기후 조건에 적응하면서 오랫동안 살아왔기 때문에 빠른 속도의 변화는 무조건 스트레스로 작용하기 마련이다. 이것은 추운 곳에서 살아가는 생물에게도 마찬가지다. 기온이 높아지면 결국 생장에는 도움이 되겠지만 어쨌든 이에 적응할 시간이 필요한 것이다. 변화의 속도와 폭이 크다면 아무리 좋은 방향으로의 변화라도 적응에 애를 먹을 수밖에 없다. 이는 모든 생물에게 해당되는 이야기이다.

산호초의 백화 현상과 해양 산성화

생물 다양성 위기는 육지에서만 일어나고 있는 것이 아니다. 바다의 상황도 좋지 않다. 특히 최근에 백화 현상에 시달리다가 폐사하는 산호초의 면적이 빠르게 늘고 있어 전문가들의 우려를 사고 있다. 전 세계 산호초 군락에서 백화 현상이 나타나는 빈도는 1980년부터 지금까지 꾸준히 증가하는 추세이다.

백화 현상이 무엇인지부터 먼저 알아보자. 산호는 식물이 아니라 동물이며 조류와 공생한다. 조류는 광합성을 통해 산호에 에너지를 제공하고 그 반대급부로 산호로부터 질소나 인 같은 영양분을 얻는다. 서로에게 이익이 되는 상리공생 관계라 할 수 있다. 그런데 이 관계에 지대한 영향을 미치는 요소가 있다. 바로 바닷물의 온도이다. 해수의 온도가 오르면 산호와 공생하던 조류가 스트레스를 받아 산호를 떠난다. 형형색색의 공생조류를 잃으면서 산호초의 색은 하얗게 바래는데, 이를 백화 현상이라고 한다. 조류로부터 에너지를 더는 얻지 못하게 되면서 산호는 결국 폐사에 이르게 된다. 산호는 이동이 용이하지 않으므로 해수 온도가 상승할수록 개체수는 감소할 수밖에 없다.

오스트레일리아 북동부 연안에 위치한 대보초Great Barrier Reef는 전 세계에서 가장 큰 산호초 군락으로 유명하다. 길게 놓인 산호초가 오스트레일리아 북동부 지역을 마치 방패같이 둘러싸고 있다. 그러나 이 거대한 산호초는 유네스코 세계자연문화유산으로 지정되어 보호받고 있음에도 현재 매우 불안정한 상태 속에 있다. 해수의 온도 상승 때문이다.

오스트레일리아 대보초는 이미 50퍼센트 이상이 폐사했다. 해수의 온도가 산업화 이전 대비 1.1°C만 상승했을 뿐인데 말이다. 산호초는 상당히 수온 상승에 민감하다. 만약 산업화 이전 대비 2°C가 오르면 오스트레일리아 대보초뿐만 아니라 전 세계 산호초 거의 대부분이 폐사할 것이라는 극단적인 연구 결과도 발표된 바 있다. 저위도 바다에서 살고 있는 산호는 현재 지구온난화로 지구상에서 가장 위험에 처한 생물 가운데 하나라 할 것이다.

저 멀리 적도의 산호초가 사라진다 한들 우리에게 무슨

큰 해가 되냐고 의아해할 수도 있다. 그러나 오스트레일리아 대보초와 같은 대형 산호초의 소멸은 해양생태계 붕괴의 단초로 작용할 가능성이 충분하다. 아마존의 열대우림이 다양한 육상동물의 서식처인 것처럼, 열대와 아열대의 산호초 군락은 여러 해양생물의 소중한 서식처이다. 산호초가 사라지면 이곳을 거처로 삼아 살아가던 수많은 해양생물도 함께 사라질 수밖에 없다. 해양생태계는 빠르게 안정을 잃을 텐데 많은 식량을 바다에 의존하고 있는 인간 또한 그 영향에서 자유롭기는 힘들 것이다. 우리가 열대 산호초에 무관심하다면 그것이 더 이상한 것이 아닐까.

해수의 산성도가 높아지는 것도 큰 문제다. 대기 중 이산화탄소 농도의 상승으로 바다에 녹아드는 이산화탄소량 또한 늘고 있어 해수의 pH는 점점 낮아지는 추세다. 석호의 골격은 탄산칼슘으로 이뤄져 있다. 바다의 산성화가 심해질수록 탄산칼슘이 잘 만들어지지 않는다. 산호초가 스스로를 유지하거나 성장하기에 힘겨운 환경으로 자꾸 변해가고 있다.

산호가 해수의 온도 상승으로 폐사하는 경우가 늘자 국제사회는 훼손된 산호초를 복원하거나 산호를 보다 안전한 바다로 이식하는 조치들을 강구하기 시작했다. 다양한 복원 및 이주 프로그램이 시행 중에 있고 그와 관련한 여러 연구가 진행 중이지만 무엇보다 비용이 만만치 않다. 선진 국들의 재정적·기술적 지원 없이는 성공하기가 쉽지 않을 것이다.

고온에 내성이 있는 산호를 주로 이식하다 보니 종 다양 성이 감소하는 문제도 우려되며, 무엇보다 이러한 생태 복 원의 어려움은 인위적인 간섭이 가져올 수 있는 또 다른 문 제들을 예상하기 어렵다는 점에 있다. 주지하다시피 온난 화는 앞으로도 상당 기간 지속될 것이므로, 이식된 산호라 도 해수의 온도 상승과 산성화로부터 자유로울 수 없다. 장 기적으로 계획을 세워야지 단기적인 성과만을 쫓다가는 실패할 가능성이 크다는 말이다.

산호초만 어려운 상황에 처한 것이 아니다. 조개, 굴, 게 등 조개류나 갑각류도 힘든 것은 마찬가지다. 이들 또한 외 골격이 탄산칼슘으로 이루어져 있기 때문이다. 해양 산성 화 문제를 완화시키지 못하면 바다의 종 다양성은 지속적 으로 감소할 것이다.

지금까지 살펴본 대로 열대우림, 곤충, 토양생물, 산호초 등 지구 생태계를 구성하는 여러 요소들이 인간의 교란과 기후변화 탓에 종 다양성이 감소하는 현상을 겪으며 안정성을 차츰 잃어가고 있다. 이런 상황에 우리는 어떻게 해야 종 다양성의 감소 추세를 조금이라도 완화시킬 수 있을까?

생물 다양성 핫스폿의 선정

멸종률 증가 문제를 풀 수 있는 해법 가운데 하나로 많은 사람의 지지를 얻고 있는 것이 생물 다양성 핫스폿이라는 개념이다. 인간이 현재 존속하는 자연생태계를 모두 보존하고 보호할 수 있으면 좋겠지만 이는 현실적으로 불가능하다. 여전히 전 세계 인구는 증가하고 있는 데다 전반적인 경제성장으로 한 사람 한 사람의 생태발자국 또한 커지고 있기 때문이다. 여기서 생태발자국이란 개인이 쓰는 자원과 쏟아내는 폐기물을 감당하기 위해 필요한 지구의 면적을 의미한다.

상황이 이렇다 보니 종 다양성이 풍부하면서도 동시에 인위적인 교란에 많이 노출된 지역을 골라서 그 지역을 집중 관리하자는 아이디어가 제시되기에 이르렀다. 쉽게 말해 생태계 보호에는 많은 비용이 소요되므로 가성비가 높은 곳을 선정하고 이를 선택적으로 보호해서 종 다양성 정책의 성과를 높이자는 취지라 할 수 있다.

생물 다양성 핫스폿이란 전문가들이 보기에 종 다양성이 높은데 인간의 교란 또한 많은 곳이라 관리가 필요한 지역이다. 대부분 거주 환경이 양호하여 인간이 살고 싶어 하는 공간이기 때문에 환경의 훼손이 심한 편이다. 관련 전문가들은 지금부터라도 이런 곳의 자연 훼손을 최소화하면 전 세계 종 다양성 감소 추세를 완화하는 데 실질적인 도움이 될 것이라 믿는다.

하지만 이 아이디어에는 뚜렷한 약점이 있다. 아마존 유역이나 아프리카의 콩고분지 등과 같이 생물 다양성이 높고 탄소 흡수원으로도 중요한 열대우림이 핫스폿 리스트에서는 제외되어 있다. 덥고 습한 기후 탓에 인간이 살기 어려워 멸종 위험이 덜하다는 판단 때문이다. 그러나 앞서 봤듯이 아마존 지역만 해도 불법 벌목, 목초지 조성, 콩 혹은 팜 농장 개발 등으로 손실 면적이 지속적으로 늘고 있다. 핫스폿 정책이 일부 협소한 지역의 보호에만 매달리면서 정작 생태적으로 중요한 곳을 훼손하는 행위에는 면죄

부를 주고 있다며 비판의 목소리가 나온다.

생물 다양성 핫스폿으로 선정된 지역들을 보면 미국 캘리포니아, 칠레, 남아프리카, 오스트레일리아 남서부, 지중해 연안 등, 대부분 지중해성 기후가 우세한 지역이거나 바다 위에 고립된 섬들로 이루어져 있다. 지중해성 기후 지역은 주로 겨울철에 소량의 비가 내리고 여름철에는 건조하고 맑은 날씨가 이어지는 독특한 강수 체계를 보인다. 전세계 나머지 지역은 기본적으로 여름에 비가 많이 오고 겨울에 비가 적게 온다. 이는 기온이 높을수록 대기의 절대적인 수증기량이 많아지기 때문이다. 지중해성 기후 지역은 기후 측면에서 주변과 큰 차이를 보이므로 이곳의 생물들은 다른 곳에서는 찾아볼 수 없는 독특한 종인 경우가 대부분이다. 즉, 이곳에서 고립되어 독자적인 진화 과정을 겪었기 때문에 고유종이 많을 수밖에 없고 종 다양성 또한 높은 것이다.

바다로 둘러싸인 섬들도 생물 다양성 측면에서 지중해성 기후 지역과 유사한 성격을 띤다. 섬은 바다로 둘러싸여 외부와의 유전자 교환이 원활하지 않고, 섬 내부에서 생물의 종 분화가 활발하게 일어나므로 고유종의 비율이 높다.

지중해 기후 지역이나 섬이나 모두 인간들이 거주지로 선호하는 곳이라 교란이 심한 편이며, 혹여 이곳에서 사라지기라도 하면 지구상에서 완전히 소멸되는 종들이 많이 서식한다. 생물 다양성 핫스폿을 선정하여 특별 관리하자는 제안은 이런 고유종들을 보호하여 전 세계 종 다양성의 감소 속도를 늦추려는 의도에서 비롯되었다.

여섯 번째 대멸종의 시대

인간의 서식지 교란과 지구온난화의 여파로 지구 생태계에서 종 다양성의 감소 추세가 뚜렷하다. 전문가들은 이를 '여섯 번째 대멸종'이라는 단어로 표현하기 시작했다. 지구의 역사를 돌아보면 생태계의 종 다양성이 급격하게 낮아진 다섯 번의 대멸종 사건이 있었다. 모두 전체 종의 70퍼센트 이상이 사라질 정도로 생물의 피해가 컸다. 그럼 과거의 대멸종은 왜 일어났을까?

학자들 사이에서 가장 자주 언급되는 원인은 화산 폭발과 이에 따른 온실가스의 증가이다. 온실가스의 증가는 대기의 기온 상승과 해양의 산성화를 유도하여 대량 멸종의 직접적인 원인을 제공했다. 한편, 가장 최근에 발생한 백악기 말의 공룡 멸종은 멕시코의 유카탄반도에 떨어진 운석이 야기했다는 것이 중론이다. 이 외에도 해양의 산소 부족이나 갑작스러운 빙하기의 도래가 대규모 멸종을 이끌었다는 연구 결과도 있다.

'여섯 번째 대멸종'이라는 용어는 사실상 인류가 지금까지 멸종시킨 생물 숫자가 과거 다섯 번의 대멸종 시기에 자연적인 충격에 의해 급감한 생물 수에 비견될 만큼 많다는 점을 시사한다. 현재 인류의 생체량과 가축의 생체량을 모두 합치면 전체 육상 포유류 생체량의 97퍼센트에 이른다. 야생 포유동물의 생체량은 전체의 단 3퍼센트만 차지하는 실정이다.

바다 상황도 마찬가지다. 인간의 사냥으로 해양 포유류의 전체 생체량은 2000만 톤에서 400만 톤으로 줄어들었다. 어류의 생체량도 1억 톤이 감소했다. 종 다양성이 저하되면서 생태계의 균형은 조금씩 깨지고 있다. 우리가 잘 느끼지 못할 뿐이다. 도시 속에서 안락한 삶을 영위하면서 언제부턴가 우리는 민감하게 자연의 변화를 감지하는 능력을 잃어버렸다.

생태계는 외부 교란에 대한 저항력과 훼손된 후 정상으

로 되돌아가려는 회복탄력성을 갖는다. 일반적으로 저항력이 크면 상대적으로 회복탄력성이 작고 저항력이 작으면 회복탄력성이 크지만, 건강한 생태계일수록 저항력과 회복력이 모두 높게 나타난다.

인류세로 진입한 후 지구 생태계의 불안정성은 날로 높아지고 있다. 하지만 아직까지 인류는 그 상황을 정확히 판단할 능력을 갖추지 못했다. 생태계의 저항력과 회복력이 외부 교란을 무마하고 있기에 문제가 설사 있더라도 여간해서는 잘 드러나지 않는다. 만약 인간의 눈에 생태계의 문제가 생생히 들어오는 순간이 온다면 그때는 이미 생태계를 정상화하기에 늦은 시점일 가능성이 높다. 임계점을 넘었다는 신호이기 때문이다.

종 다양성의 보고이자 중요한 탄소흡수원인 열대우림의 훼손은 여전히 진행 중이다. 바다의 핵심 생태계라고 할 수 있는 산호초 군락의 폐사 또한 이어지고 있다. 그러나 우리가 여섯 번째 대멸종의 위험성을 실제 느끼기란 쉽지 않다. 바쁜 일상에 치여 이에 대한 문제의식을 갖기도 버거운 것이 사실이다. 이런 상황 속에서 우리가 취할 수 있는 행동은 뭘까? 우리가 노력하면 지구 생태계가 위험 수준에 이르기 전에 안정을 되찾을 수 있을까? 어려운 질문이지만 다음 4부에서 이에 대한 답을 찾고자 한다.

Q 묻고

A 답하기

예전 다섯 번의 대멸종은 각각 언제
어떻게 일어났는가?

약 4억 4000만 년 전, 고생대의 오르도비스기와
실루리아기 경계 시기에 빙하기가 갑자기 나타나
기온과 해수면이 급격히 낮아지는 환경변화가 발
생했다. 그 결과 삼엽충, 완족류, 갑각류 등 해양
생물의 80퍼센트 이상이 멸종했다.

　마찬가지로 고생대의 데본기 후반부인 약 3억
7000만 년 전에도 많은 해양생물이 사라졌다. 멸
종 과정은 아직까지 분명히 밝혀지지 않았으나 해

양의 산소 농도 저하와 해수면 변동 등이 원인으로 지목된다.

약 2억 5000만 년 전, 고생대 페름기 말부터 중생대 트라이아스기 초기까지 지구 역사상 최대 규모의 멸종이 일어났다. 시베리아에서 발생한 대규모 화산 폭발로 온실가스와 유독가스가 급증한 것이 원인으로 추정된다. 이때 지구 생물의 약 90퍼센트 이상이 멸종한 것으로 알려져 있다.

중생대 트라이아스기와 쥐라기의 경계인 약 2억 년 전, 화산 폭발로 기온이 오르고 해양의 산소 농도는 감소하면서 기존에 있던 파충류와 양서류의 대부분이 사라졌다. 이 시기의 대량 멸종은 이후 공룡이 번성하는 계기가 된다.

그리고 다섯 번째 대멸종은 약 6600만 년 전 중생대 백악기 말에 발생했다. 소행성 충돌과 화산활동, 그리고 그 여파로 기후가 변화한 것이 원인으로 추정된다. 당시 공룡을 포함한 대부분의 대형 육상 동물이 빠르게 사라졌고, 이후 지구는 포유류가 지배하는 행성으로 변모했다.

우선 국제자연보전연맹IUCN이 있다. 전 세계의 자
연환경을 보호하자는 목적하에 유엔의 지원을 받
아 1948년에 설립되었다. 세계에서 가장 권위 있
고 규모가 큰 국제기구라 할 수 있다. 특히 생물종
의 보전 상태를 보여주는 적색 목록IUCN Red List을 만
들어 멸종위기에 처한 생물을 알리는 중요한 역할
을 수행하고 있다.

유엔 생물다양성협약CBD은 1992년 리우 지구
정상회담에서 공개되었으며 생물 다양성의 보존
과 지속 가능한 사용, 유전자원에서 발생하는 이
익의 공정한 공유 등을 목표로 내세운 국제조약이
자 국제기구이다.

세계자연기금WWF은 세계 최대의 비영리 자연
보전기관으로 1961년 설립되었다. 자연서식지
의 보전, 멸종 방지, 생태발자국 감소 등을 목표로
한다.

인간과생물권계획MAB은 인간이 사람을 포함한 생물권에 미치는 영향을 연구하고 생물 다양성을 보호하고 관리하는 것을 목적으로 만들어졌다. 유네스코 국제기구이다.

이 외에도 국제식물원보존연맹BGCI, 생물다양성과학기구IPBES, 생물다양성금융이니셔티브BIOFIN 등 국제적으로 생물종 다양성의 보존을 위해 설립된 단체들이 다양한 방식으로 활동하고 있다.

지구온난화로 한국의 해양생태계에서는
어떠한 변화가 나타나고 있는가?

제주도 남쪽 바다에서 미역, 톳, 감태, 우뭇가사리, 모자반 등이 줄어들고 있다. 해조류들이 사라지자 이를 먹이로 삼는 성게나 소라도 감소하고 있다. 해조류가 소멸된 자리에는 생태적 내성이 강한 큰갈파래가 옮겨 왔다. 바닷물의 온도가 지속적으로 오르자 아열대 생물이 북쪽으로 이동하여 제주도 근해에 자리를 잡고 있는 것이다.

최근 제주 연안에는 바다 사막화 현상이 뚜렷하다. 수온 상승과 오염으로 해조류가 사라진 곳에 흰색의 석회 조류가 달라붙어 암반 표면이 회색을 띠는 현상이 늘고 있다. 해조류 군락은 어패류와 갑각류의 중요한 서식처이자 산란장으로 한반도 근해에서 중요한 생태적 기능을 담당한다. 제주 바다의 생태계는 토착 해조류가 세력을 잃고 대신 독성해파리, 거품돌산호, 분홍바다멍게 등으로 채워지면서 심한 열병을 앓는 중이다.

어장의 변화도 뚜렷하다. 동해안에서는 과거에 주로 잡히던 명태나 도루묵과 같은 한대성 어종의 어획량이 눈에 띄게 감소했다. 그 대신 남쪽에서 올라온 오징어나 멸치의 어획량은 늘고 있다. 한편, 제주도 인근에서는 아열대 어종인 참다랑어가 많이 잡힌다.

여름철 한반도 주변 해역에서는 수족관 혹은 영화에서나 보던 상어가 출몰한다는 보도가 심심치 않게 들린다. 온난화로 해수 온도가 상승하는 탓에 북쪽으로 이동하는 상어의 개체수가 늘고 있기 때문이다. 요 몇 년 사이 해수욕장 앞바다에 상어 퇴치기나 그물망을 설치하는 것이 일상화되었다.

4부

지구의
폭군이
될 것인가,

구원자가
될 것인가

인류세 위기에서 벗어나고자 한다면 인류세의 모든 속성을 세심히 살펴야 한다. 효율성만 추구해서는 안 되며 형평성을 고려해야 한다. 생태계의 일부일 뿐인 인간이 자연을 파괴하면서 다른 동식물의 운명을 좌지우지할 권리는 없다. 그러나 망가진 지구를 회복시키고 이의 균형을 되찾는 작업은 인간만이 할 수 있는 일이다. 우리는 과거 역사를 토대로 지금의 상황을 올바르게 진단하고 미래의 위험에 적절히 대비하면서 더 나은 미래를 향해 전진해야 한다.

거주 가능하고 지속 가능한 지구를 위하여

효율성과 형평성의 조율, 그리고 기후 정의

지금까지 인류세의 중요한 두 속성인 기후위기와 생태계 위기를 중심으로 이야기를 풀어보았다. 기후와 생태계의 다양한 문제들을 앞으로 인류는 어떻게 풀어나가야 할까? 과연 인류세의 위기가 극복 가능한 것일까? 1부에서도 언급했던 인류세라는 단어가 지닌 함의를 되새겨 보자.

인류세 위기 극복을 위해서는 먼저 효율성과 형평성의 조율에 주목할 필요가 있다. 전 세계 많은 사람들이 우려하고 있는 지구온난화는 지금까지 인간이 일으킨 환경문제의 일부분일 뿐이다. 생태계 위기도 심각하고, 다양한 종류의 환경오염 문제도 있다. 인류세의 난민 문제도 만만치 않은 골칫거리로 대두될 가능성이 높다. 지구의 기온이 산업화 이전 대비 1.5°C 이상 혹은 2°C 이상 상승하면 큰 위기가 찾아올 것이라는 이야기가 많이 나온다. 하지만 기온 상승을 억제하는 일에만 매달리다가 다른 전 지구적인 환경 문제를 도외시해서는 우리가 직면한 인류세 위기에 제대로 대처하기 어려울 것이다. 가령 기온 상승을 1.5°C 이내로 막는 데에는 성공했지만 그 과정에서 다른 인류세 위기가 증폭되었다면, 이는 아무 조치도 취하지 않고 그냥 내버려 둔 것보다 별반 나을 것이 없다. 대응에 실패한 것으로 봐야 한다. 지구의 평균 기온에만 신경 쓰다가 지역의 환경 문제를 놓치는 것도 마찬가지다. 지구온난화만 완화시켜서는 지구와 인류의 지속 가능성을 담보할 수 없다. 인류세가 유발한 모든 문제들을 함께 진단하고 이에 일일이 대응책을 강구해야 한다.

시간이 많이 남지 않았다고 생각하여 시급함을 너무 강조하면, 즉 효율적인 온실가스 감축 정책에만 초점을 맞추다 보면, 국지적으로 형평성을 해치게 되거나 혹은 다른 환경 요소에 가해지는 부작용을 간과할 수 있다. 실질적인 성과를 올리길 원한다면 효율성과 형평성을 적절히 조율할 수 있어야 한다. 작금의 지구온난화를 완화시키려면 즉각적이고 효율적인 대응 조치가 당장 필요한 것은 맞다. 그러나 그 과정에서 공정하지 않게 피해를 입는 사회집단, 동식물, 자연환경이 있어서는 안 될 일이다.

3부에서 언급한 보르네오섬의 열대우림을 파괴하는 사례는 기후위기 속에서 효율성과 형평성의 조율이 쉽지 않음을 잘 보여준다. 모든 에너지원을 신재생에너지로 빠르게 전환해야 한다는 목표도 중요하겠지만 목표에 도달하기까지의 과정 또한 자연스러워야 한다. 바이오 디젤이라는 신재생에너지를 생산한다는 명목으로 열대우림을 개간하는 행위는 기후위기를 해결하는 데 하등의 도움이 되지 않는다. 기후 문제 해결의 당위성을 내세우면서 지역의 환경을 해친다면 이는 오히려 위기 극복을 방해할 수도 있다. 효율성만 따지고 형평성을 버려서는 상황을 호전시킬 수 없는 것이다.

지구온난화가 점점 위험한 수준을 향해 간다는 것은 이제 부인할 수 없는 사실이 되었다. 인류세 위기는 다양한 요인들이 복잡하게 얽혀 있으므로 신중한 접근이 필요하지만, 사회정의 차원에서 보면 또 당장 조치를 취해야 하는 것도 맞다. 기후위기를 해결하려는 노력이 지지부진할수록 사회의 취약계층이 겪는 고통은 상대적으로 더 커질 것이기 때문이다. 따라서 신중하되 미루지 않고 당장 계획을 세워 행동에 옮길 필요가 있다.

가치의 획기적인 전환이나 과학기술의 빠른 발전을 바라며 마냥 손 놓고 기다릴 수만은 없는 이유는, 무엇보다 지구온난화가 유발한 기상이변과 자연재해가 최근 들어 더욱 빈번해지고 있기 때문이다. 전 세계인들은 기후위기가 현실임을 피부로 느끼기 시작했다. 게다가 폭염, 홍수, 가뭄, 산불, 산사태, 태풍, 해일 등에 쉽게 노출되는 사람들은 주로 사회적 약자들이다. 기후변화에 대한 우리 사회의 적응 여부는 이와 같은 사회적 형평성 문제, 즉 기후 정의의 실현과 맞닿아 있다.

이른바 '기후 정의'는 세 가지 범주로 나눠서 생각해 볼 수 있다. 먼저 적응의 정의이다. 기후변화에 따른 피해는 대응 능력이 떨어지는 가난한 나라의 취약계층에 집중될 수밖에 없다. 사실 인류세의 기후 및 생태계 문제를 일으킨 장본인은 식민지 활동과 산업혁명으로 부를 쌓은 서구 선진국의 부유한 사람들이다. 그런데 그 피해는 대부분 지금의 환경위기에 별로 기여한 바 없는 가난한 나라의 취약계층이 입고 있으니 이는 상당히 불공정하다고 할 수 있다. 원인제공자가 문제 해결에 적극적으로 나서기 어렵다면 최소한 기후변화의 피해 부담이라도 공평하게 질 수 있는 사회 구조와 분위기가 조속히 형성될 필요가 있다. 적절한 제도와 정책을 마련하여 사회적 약자들이 기후변화에 적응할 수 있도록 돕는 것이다.

두 번째는 세대 간의 정의이다. 극히 최근까지 지구는 인류에게 단지 이용과 개발의 대상이었다. 인간은 지구가 나중에 어떻게 되든 상관하지 않았다. 스스로의 이익만을 추구하며 지구를 끊임없이 착취했다. 지구환경은 이미 심하게 훼손되어 버렸다. 그럼에도 지구 생태계의 소중함을 외면하고 경제성장을 우선순위에 두는 경향은 여전하다. 지구는 우리만의 공간이 아니다. 우리 후손들의 공간이기도 하다.

만약 인류의 방향 전환이 지지부진하여 지금보다 지구가 더 망가진다면 우리 다음 세대들은 우리를 어떻게 평가할까? 단기적인 이익에만 매달리는 이기적인 욕심쟁이였다고 저주하지 않을까. 다음 세대들은 기후위기 속에서 악

랄하게 변해가는 환경에 적응하기에 급급할 것이다. 우리를 욕할 여유마저 없을지 모른다. 우리가 지금 아무 생각 없이 누리는 인간다운 삶을 이들은 영위하기 어려울 것이다. 이는 윤리적으로 옳지 않다.

종 간의 정의는 최근에 '비인간'이나 '인간 너머' 등의 단어와 함께 자주 다뤄지는 주제이다. 지구에는 인간 외에도 수많은 동식물이 함께 살고 있다. 인간이 유발한 지구온난화는 인간뿐 아니라 다른 생물에게도 적응의 고통을 안긴다. 인간은 과학과 기술로 무장해서 기후위기에 대응하고 적응할 수 있을지 몰라도 대부분의 생물들은 현재 빠른 속도로 진행 중인 온난화에 힘겨워하는 것이 사실이다. 이미 인간의 교란으로 생존에 어려움을 겪는 마당에 인위적인 기후변화는 멸종으로 가는 지름길 역할을 하고 있다. 무슨 권리가 있어 인간은 다른 종들의 멸종을 야기하고 방치하는 것일까? 인간은 지구에서 살아가는 수많은 생물 가운데 단지 하나의 종일 뿐인데 말이다.

이렇듯 지금의 기후위기에는 다양한 문제들이 얽혀 있다. 인류가 대처하기가 결코 쉽지 않아 보인다. 기후변화를 완화하는 정책을 펴다가 혹 다른 환경문제를 유발하지 않도록 신중한 접근이 필요하면서도, 기후변화의 부작용이 취약계층에 집중되는 현실을 시급히 개선해야 하는 당위성도 적지 않다. 현 상황에 답답함을 느낀 사람들은 지구온난화를 제어하는 데 효과가 확실하면서도 빠르게 시행할 수 있는 기술적 해결책에 끌리고 있다. 이른바 '지구공학'이라고 하는 아이디어들이다.

지구공학의 문제점

다양한 지구공학적 방법 가운데 가장 잘 알려진 것이 성층권에 이산화황 가스를 뿌려 황산염 에어로졸 막을 조성하는 계획이다. 인공적으로 화산 폭발의 효과를 내는 것이라 보면 된다. 에어로졸 막이 태양 복사에너지를 반사시켜 돌려보냄으로써 기온 상승을 확실히 억제할 수 있다. 만약 이 방법을 통해 지구의 온도가 떨어진다면 그 혜택은 전 세계 모든 사람들에게 돌아갈 것이다. 빈국의 취약계층이든 부국의 부유층이든 가리지 않고 모두에게 도움이 되므로 공평하다고도 볼 수 있다.

성층권에 황산염 입자로 에어로졸 막을 만들어 온난화를 늦추는 것은 재정적으로나 기술적으로나 충분히 실현

가능한 방법이라는 것이 중론이다. 현재도 많은 과학자들이 관련 연구 주제를 파고들며 이의 실행가능성을 타진하고 있다. 연구 펀드도 풍족하다. 과학기술이야말로 기후위기 시대에 우리가 믿고 의지할 만한 수단이라고 생각하는 기업가들이 많기 때문이다.

연구에 깊숙이 빠져들다 보면 자신의 성공을 과신하는 이들이 생기게 마련이다. 자신만의 방법을 실제 상황에서 써보고 싶어 하는 사람이 많아질수록 설익은 계획이 실행에 옮겨져 문제를 일으킬 가능성은 더욱 커진다. 인위적으로 지구환경에 개입하는 방식으로 기후 문제를 풀어나가려는 시도 자체에 회의적인 전문가들도 많다. 지금까지 지구환경이 망가져 온 과정이 바로 이런 식이였기 때문이다. 이들은 성층권 에어로졸 방법이 가져올 수 있는 모든 부작용을 정확히 파악하는 것부터 선행되어야 한다고 주장한다. 그럼 어떤 부작용이 있을 수 있을까?

이 방법을 구현하면 분명 지구의 평균 기온은 낮아질 것이다. 그런데 에어로졸 막으로 기온을 낮추는 순간 전 세계의 물 순환 체계에 큰 변화가 일어날 것이 확실하다. 어떤 지역은 예전에는 겪어보지 못한 홍수 피해에 시달리는 반면 다른 지역은 갑자기 기후가 가물어지면서 가뭄 피해를 입는 식이다. 지역별로 강수 유형이 어떻게 변할지 누구도 예측하기 힘들다. 이에 미리 대비하는 것 자체가 거의 불가능하다.

전체적으로 기온이 떨어져 모든 사람들이 혜택을 입는다 해도 물 순환의 변화로 불이익을 받는 지역이 생긴다면 해당 지역의 주민들은 상대적 박탈감에 불만을 가질 것이 분명하다. 그들이 더는 못 살겠으니 에어로졸 막을 걷으라고 격렬하게 항의라도 하면 이를 어떻게 무마할 것인가?

또한 에어로졸 막으로 기온이 낮아지면 사회에서 온실가스 배출에 대한 경각심은 떨어질 수밖에 없다. 대기의 온실가스량이 증가하는 속도는 가팔라질 것이다. 바다에는 다량의 이산화탄소가 녹아들어 해양 산성화가 심화되고 산호, 갑각류, 연체류 등은 절멸한다. 인간은 바다에서 충분한 먹을거리를 얻지 못하고 머지않아 식량 위기에 봉착하게 될 것이다.

만약 에어로졸 막의 부작용이 너무 심각하여 어쩔 수 없이 이를 다시 제거하는 경우를 가정해 보자. 온실가스는 이미 대기 중에 쌓일 대로 쌓인 상태에서 막이 사라지니 기온

은 갑자기 높아질 것이다. 빠르게 오르는 기온이 티핑 포인
트라도 넘어간다면 지구의 환경은 완전히 새로운 모습으
로 바뀌어 인류의 생존을 위협할 것이다. 일단 시작한 후에
는 물릴 수 없다.

명확하지 않은 거버넌스 또한 문제라 할 수 있다. 즉, 지
구공학적 방법의 시행을 과연 누가 결정할 수 있을 것인가
라는 물음이다. 결정권을 갖는다는 것은 엄청난 정치적 권
력을 차지하는 것과 같다. 이 방법을 반기는 측과 반대하는
측이 뚜렷하게 나뉠 것이기 때문이다. 모두가 인정하는 단
체나 개인이 있다면 이들이 하면 될 일이지만, 전 세계에서
그런 존재란 없다. 권력이 누군가에게 넘어가는 것을 다른
이들이 옆에서 그냥 지켜만 보고 있을까. 기후변화가 위험
한 수준에 도달하여 이 기술의 사용 여부를 두고 어렵게 논
의의 장이 마련된다 하더라도 언제, 어디서, 어떻게 사용할
것인가를 두고 의견은 제각기 나뉠 것이다. 결국은 시도조
차 못할 공산도 크다.

지구공학적 방안은 여러 가지 다른 것들을 시도해 보았
음에도 상황이 전혀 개선될 여지가 없을 때 가장 마지막으
로 시험해 볼 만한 수단이라는 것이 필자의 생각이다.

오만한 인간중심주의를 넘어

우리가 현재 여러 환경위기에 직면한 이유는 근대 이후 인간 중심의 사고와 판단에 너무 치우쳤기 때문이다. 인간을 중심에 두는 습관을 버려야 지금 우리가 겪고 있는 다양한 인류세 문제를 완화할 수 있을 것이라는 이야기가 나온다. 인류세의 자연 훼손은 근대의 인본주의에서 파생된 인간중심주의에서 대부분 비롯되었다는 것이 학자들의 생각이다.

인간은 자연을 이용과 개발의 대상으로만 바라보면서 지금의 인류세 위기를 불러왔다. 공존과 공생의 대상으로 바라봤다면 이렇게 되지 않았을 것이다. 인간은 자연으로부터 분리될 수 없다. 인간을 포함한 자연을 구성하는 모든 것들은 상호 긴밀하게 연결되어 영향을 주고받는다. 따라서 다분히 사소해 보이는 어떤 것이라도 갑자기 사라지면 남은 것들은 그 여파에 흔들리곤 한다.

인간은 자연생태계를 구성하는 다양한 행위자 가운데 하나일 뿐이다. 행위자들은 서로 서로에게 영향을 미치므로 하나의 행위자가 전체를 통제하는 것은 불가능하다. 인간은 이러한 사실을 오랫동안 깨우치지 못했다. 오직 지구를 마음껏 활용해서 최대한의 발전을 이루는 것에만 초점을 맞추고 살아왔다. 인간 사회는 맹목적으로 성장을 추구했다. 혹시 있을지 모를 부작용 또한 과학기술의 발달을 통해 문제없이 해결할 수 있다는 근거 없는 자신감에 한동안 눈이 멀었다. 인간의 이러한 오만함, 이것이 지금의 위기를 불러왔다고 해도 과언이 아니다.

하지만 여기서 우리가 생각해야 할 것은 반성에만 그치기에는 지금의 상황이 녹록지 않다는 점이다. 인간중심주의적 사고가 인류세 위기를 불러왔다는 반성이 필요한 것은 맞지만 이것이 다여서는 곤란하다. 앞서 봤듯이 기온의 상승 추세는 여전하며 지구 생태계의 회복력과 저항력은 과거보다 한참 저하되었다. 환경위기에 뒤따르는 사회정의 문제도 점점 확대될 것이고 이는 인간 사회의 불안을 야기할 것이다.

모든 조치를 강구해서 인류세의 부정적인 파장을 줄이고 지구가 지속 가능한 모습을 되찾도록 도와야 한다. 지구를 다시 살려야 하는 것이다. 그런데 인간이 그 일을 해낼 수 있을까? 이 또한 인간을 중심에 둔 사고 아닌가? 지구를 회복시키겠다고 이곳저곳에 개입하다가 혹시 상황을 더 악화시키는 건 아닐까?

어쨌든 지구를 살리는 것은 다른 비인간 존재가 해낼 수 있는 일이 아니다. 오직 호모 사피엔스만이 가능한 일이다. 인간이 다시 중심에 설 수밖에 없다는 이야기가 나온다. 단, 과거에 우리가 저질렀던 실수를 반면교사 삼아 앞으로의 행보에 신중을 기해야 한다. 우리는 이를 겸허한 신인간중심주의 혹은 약한 인간중심주의라고 부를 수 있을 것이다.

지구 생태계 내에 무수히 많은 행위자들이 존재하지만 이들의 역량이 모두 같다고 볼 수는 없다. 따라서 인간에게 자연은 공존과 공생의 대상인 동시에 보호와 보존의 대상이 된다. 자연의 일부인 인간이 전체 자연을 보호하고 보존한다는 말에 어폐가 있는 것이 사실이다. 그러나 우리 인간은 그 행위를 가능케 하는 잠재력을 갖고 있다. 물론 그 전에 과거의 오만한 생각을 버리고 겸허함으로 무장부터 하는 것이 먼저겠지만 말이다. 인간의 개선된 행동으로 자연 생태계의 다른 요소들이 모두 온전함을 유지할 수 있게 된다면, 지구는 앞으로도 오랫동안 인간과 비인간의 거주 가능하고 지속 가능한 공간의 역할을 다할 수 있을 것이다.

인류세를 상징하는
4가지 문제와
9가지 행성 경계

지구온난화 문제와 생태계 문제

인류세의 문제들은 매우 다양한 데다 서로 복잡하게 얽혀 있어 이를 일목요연하게 설명하기란 쉬운 일이 아니다. 앞에서도 언급했지만 독자들의 이해를 돕기 위해 굳이 분류를 하자면 크게 네 가지 범주로 나눠 볼 수 있다. 먼저 지구온난화 문제이다. 지구온난화는 기후위기를 불러오는 근인으로, 이를 근본적으로 해결하고자 한다면 온실가스 배출량을 즉시 감축해야 하지만 현 상황은 이를 쉽게 허락하지 않는다. 결국 기온은 앞으로도 꾸준히 상승할 터, 우리는 이제 지구온난화를 현실로 받아들이고 그 적응에도 신경을 써야 하는 국면을 맞았다.

그러나 소 잃고 외양간 고치는 식의 적응은 비효율적일 수밖에 없다. 소를 잃지 않으려면 우선 감축 노력을 지속해 나가야 한다. 그다음에는 앞으로 더욱 빈번해질 자연재해에 미리 대비하는 자세가 필요하다. 그리고 과학자들은 기후변화와 관련된 최신 정보들을 제때 공급할 수 있어야 한다. 정확한 자료가 부재한 상태에서 국가나 지자체가 기후변화에 적절한 대응 방안을 내놓을 리 만무하다. 연구자들은 본인의 호기심 충족에만 그칠 것이 아니라 평소에 연구를 통해 사회에 기여하겠다는 공적 의지를 다질 필요가 있다.

앞으로 온실가스의 감축, 온난화에 대한 적응, 과학적 연구 등의 세 톱니바퀴가 잘 맞물려 돌아간다면 미래가 그리 암울하지만은 않을 것이다. 경제적으로 많은 비용이 소요되고 당장 효과를 보기 어렵다 해도 기후변화 속도를 늦출 수 있는 방안이 있다면 뭐든지 진지하게 검토할 필요가 있다. 기후위기 문제는 언제나 장기적인 관점에서 들여다봐야 한다. 그래야 이것의 심각성을 인지할 수 있고 해결책도 찾을 수 있다.

두 번째는 지구 생태계 문제이다. 특히 아마존 우림과

적도 태평양 산호초가 위험해 보인다. 이곳은 임계점에 가까이 가 있거나 임계점을 이미 넘어갔을지도 모른다는 주장이 나오고 있다. 지구의 핵심 생태계라 할 수 있는 이런 곳들이 심한 교란에 노출되면서 생물종 다양성의 감소 속도는 확연히 높아지는 추세다. 학자들은 어떻게 하면 지구 생태계를 인간의 간섭에서 떨어뜨리고 다시 회복시킬 수 있을지 고민하고 있다. 20세기 초 이후 멸종률은 눈에 띄게 높아졌다. 이제 여섯 번째 대멸종은 일반 대중들에게까지 익숙한 용어가 되었다.

여기서 언급하고 싶은 것 하나는, 기후위기 문제에 사람들이 너무 초점을 맞춘 나머지 생태계 위기는 별로 중요하게 생각하지 않는다는 점이다. 기온이 오르고 기상이변이 강도 높게 자주 나타나면서 자연재해가 잇따르자 누구나 기후 문제의 심각성을 체감하게 되었다. 하지만 생태계 변화는 기후 변화와 달리 인지하기 어렵다. 교란된 생태계가 우리에게 직접적으로 피해를 입히는 경우는 많지 않기 때문이다. 물론 국제 식량가격의 지속적인 상승이나 최근의 코로나 전염병같이 우리를 괴롭게 하는 것들이 생태계 문제와 일부 관련 있는 것은 사실이다. 하지만 직접적인 인명 피해를 부르는 자연재해와 비교할 때 그리 인상적이지 않다. 겉으로 봤을 때는 별문제가 없어 보인다. 그래서 상대적으로 소홀히 대할 때가 많다.

지구 생태계는 우리가 인지하지 못하는 사이에 조금씩 훼손되면서 안정을 잃어가고 있다. 생태계는 마치 (우리가 그 기능은 알지만 작동 원리를 이해하기 어려운) 블랙박스와 같다. 문제가 어디에 있는지 그리고 그 문제를 어떻게 하면 풀 수 있는지 파악하기가 매우 어렵다. 우리는 현재 종 다양성 감소 문제의 해결 방안을 찾지 못한 채 우왕좌왕하고 있다. 이러다가 지구의 핵심 생태계 가운데 하나가 임계점에 도달하기라도 한다면 지구 생태계 전체가 심각한 위기에 처하게 될 수도 있다. 임계점에 다다르기 전에 우리는 자연이 건강을 되찾을 수 있도록 적극 도와야 한다. 기후위기보다 생태계 위기가 인류에게 더 위험할 수 있다.

환경오염 문제

인류세를 특징짓는 세 번째 속성은 환경오염이다. 다양한 환경오염 중에서도 대기오염은 우리가 가장 시급히 해결하고 싶어 하는 환경문제이다. 인간의 건강에 직접적으로

해를 입히기 때문이다. 공장에서 화석연료를 연소할 때 나오는 여러 가지 오염 물질들과 자동차 배기가스 등으로 유발되는 스모그는 오랫동안 인간을 괴롭혔다.

한국 또한 최근 개발도상국의 함정에서 벗어나 선진국 대열에 들어섰음에도 좀처럼 해소되지 않는 미세먼지 문제로 골머리를 앓고 있다. 국민들은 선진국 수준에 미치지 못하는 대기질에 답답함을 토로하곤 한다.

한국에서 미세먼지 문제가 해결되지 않는 근본 원인은 물론 화력발전소, 공장, 자동차 등이 많아졌기 때문이다. 그런데 일부 학자들은 미세먼지 문제가 최근에 더 심각해진 배경에 기후변화가 있다고 주장한다. 지구온난화가 한반도에서 먼지가 잘 빠져나가지 못하는 원인으로 작용한다는 것이다. 이들은 기온 상승으로 계절풍이 약해지면서 과거보다 대기가 정체되고 있다고 이야기한다.

또한 중국 기원의 미세먼지를 두고도 매년 갑론을박이 이어지고 있다. 한국 정부는 중국에서 얼마나 많은 미세먼지가 한반도로 유입되고 있는지를 확인하고 싶어 하지만 이는 쉬운 일이 아니다. 여러 정황상 한국인을 괴롭히는 미세먼지 가운데 상당 부분이 중국에서 넘어오고 있다는 점은 부인할 수 없는 사실로 보인다. 중국의 고비사막에서 출발하여 한반도로 들어오는 황사는 이 지역의 과도한 토지 이용이 사막화로 이어진 탓에 발생하고 있다. 결국 생태계의 교란에서 비롯된 것이다.

이러한 미세먼지 문제는 화석연료의 연소에서 비롯된 환경오염을 기후변화와 생태계위기가 복합적으로 심화시킨 결과이다. 어떠한 일의 원인이 다양하게 존재하는, 인류세 위기의 특징을 잘 보여주는 환경문제라 할 수 있다.

수질오염은 부영양화와 중금속 오염으로 하천이나 호수의 생태계가 파괴되는 현상이다. 농지에서 하천으로 유입되는 비료나 농약 성분 탓에 질소와 인의 농도가 증가하면서 부영양화와 녹조현상이 일어난다. 녹조현상은 강물의 산소를 고갈시킴으로써 수중 생태계에 나쁜 영향을 미친다.

도시의 생활하수나 축산폐수도 유사한 녹조현상을 일으킨다. 보통 부영양화를 일으키는 폐수는 비가 내릴 때 유역 전체에서 흘러 내려오는 경우가 많으므로 유역의 어디를 점검하고 관리해야 하는지 판단하기 어려울 때가 많다. 중금속을 포함한 공장폐수 또한 하천 생태계에는 치명적이라 이에 대한 지속적인 감시와 관리가 필요하다.

수생태계가 교란되는 열 오염 문제도 최근 이목을 끌고 있다. 이는 바닷물이나 강물 그리고 지하수로 원자력 발전소, 반도체 공장, 데이터 센터 등이 방출하는 열을 냉각시키는 과정에서 발생한다. 수온 상승으로 산소가 부족해지면 수질이 저하되어 수생생물에 나쁜 영향을 미칠 수 있다.

향후 여러 지역에서 AI 개발을 목적으로 다수의 대규모 데이터센터가 구축될 것으로 보인다. 그렇게 되면 데이터센터의 엄청난 열을 어떻게 처리할지를 놓고 고심이 커질 것이다. 공기로 냉각시키는 것은 에너지 소비가 너무 많다는 지적에 물로 하는 방법이 대안으로 떠오르고 있다. 따라서 AI 데이터센터의 확대로 열 오염과 물 부족 문제가 지금보다 더 심각해질 것으로 예상된다. 과연 이러한 변화가 지구 생태계에는 어떠한 영향을 미칠지 두고 볼 일이다.

우리가 인지하긴 어렵지만 토양오염 또한 생태계를 교란시키는 주 요인 가운데 하나이다. 농경 활동에서 토양의 중요성은 아무리 강조해도 지나치지 않다. 그러나 20세기부터 기계, 비료, 농약을 활용하여 작물을 대량 생산하면서 토양의 질이 크게 낮아졌다. 비료를 자주 사용하면서 토양이 산성화되었고, 제초제나 살충제가 토양에 많이 축적되면서 토양생물의 다양성은 감소했다. 농기계의 과도한 사용으로 토양의 부피는 감소했고 토양의 구조는 변했다.

전 세계 토양은 광산이나 공장에서 배출되는 납, 수은, 카드뮴 등의 중금속으로 오염되었고 다이옥신과 같은 유기화합물로 더럽혀졌다. 도시화와 함께 증가한 건설 폐기물과 생활 폐기물 또한 토양을 심하게 훼손했다. 최근에는 미세플라스틱이 토양생태계를 교란하는 물질로 입에 자주 오르내린다.

해양오염 사례 또한 언론 매체를 통해 심심치 않게 접할 수 있다. 광활한 바다에서 발생하는 오염이라 일반적으로 발생 규모가 크며 생태계에 미치는 파급력도 강한 편이다. 이른바 '데드존'을 조장하는 해안 적조현상이 대표적이다. 여기서 데드존이란 산소가 갑자기 부족해지면서 생물의 서식이 힘들어진 구역을 뜻한다.

하천이 비료나 축산폐수에서 기원한 다량의 질소와 인을 운반하여 해안에 쏟아내면서 근해에 식물성 플랑크톤이 급격하게 증가하는 것이 적조현상이다. 하천오염이 해양오염으로 이어지는 셈이다. 해저에 가라앉은 다수의 플랑크톤 사체가 분해될 때 수중 산소는 심하게 고갈되고, 플랑크톤을 제외한 다른 생물은 살기 어려운 바다로 변한다. 앞서 말한 데드존이다.

유조선의 난파로 바다에 유출되는 기름 또한 바다에 심한 생채기를 남긴다. 연안 지역이 기름 유출로 피해를 입게 되면 회복에 상당한 시간이 필요하다. 완전한 회복이 어려울 수도 있다. 1989년 알래스카 해안에서 엑손 발디즈 유조선이 좌초하여 4만 2000톤의 원유가 유출된 바 있는데, 이때 알래스카 연안의 생태계가 심각하게 훼손되었고 지역의 어업과 관광업에도 큰 피해를 입혔다.

한국에서도 2007년에 홍콩 선적의 유조선 허베이 스피리트호가 삼성 중공업 소속의 크레인 운반선과 부딪히면서 충청남도 태안 앞바다에 1만 2000킬로리터가 넘는 원유를 쏟아낸 적이 있었다. 정부가 적극 지원하고 많은 자원봉사자들이 복구에 매달렸음에도 상당히 많은 시간이 소요되었다. 복구 과정에서 재정적인 피해는 컸지만 다른 시각에서 보면 이런 기름 유출 사고가 해양 환경을 얼마나 위협하는지 직접 경험할 수 있었던 소중한 기회이기도 했다.

바다의 플라스틱 쓰레기도 전 세계적인 환경문제로 떠

오르고 있다. 연안에 모여든 플라스틱 더미나 태평양, 대서양, 인도양 등 대양의 중심부에 형성된 쓰레기 섬이 해양생태계를 크게 교란시키고 있다. 이는 플라스틱이 간편하고 저렴하다는 이유로 전 세계적으로 사용량이 급증했기 때문인데 자연환경에는 치명적인 영향을 미치는 것이다.

최근 들어 거북, 새, 물고기 등 다양한 바다 동물들이 플라스틱을 먹이로 오인하면서 죽음에 이르는 경우가 늘자 전 세계적으로 생태계를 플라스틱의 홍수로부터 보호하려는 움직임이 활발하다. 게다가 먹이사슬에 축적된 미세플라스틱은 최상위 포식자인 인간의 건강에도 문제를 일으킨다. 플라스틱은 화석연료로 만들어지므로 이를 덜 사용하는 것은 에너지를 절약하고 지구온난화를 막는 데에도 도움이 된다. 이제는 조금 불편하더라도 일회용 플라스틱 사용을 줄이고 재사용이나 재활용하는 습관을 길러야 할 때다.

양차 세계대전 이후 서구의 주요 국가들은 과학기술의 발전을 토대로 경제성장을 거듭했다. 사람들은 수십 년간 이어진 번영에 취해 어둠의 씨앗이 잉태되고 있음을 미처 알아차리지 못했다. 이들이 희망에 부풀어 흥청망청하던

20세기 중반, 성장과 발전의 부작용이 심상치 않다고 여긴 한 여성이 있었다. 그는 환경오염의 심각성을 널리 알리면서 밝은 미래를 원한다면 환경을 보호해야 한다고 외쳤다. 바로 환경운동의 선구자라 불리는 레이첼 카슨이다.

카슨은 1962년에 《침묵의 봄》이라는 유명한 책을 출간하여 미국 전역에 큰 반향을 불러일으켰다. 해양생물학자이자 환경운동가였던 카슨은 이 책에서 살충제로 쓰이는 DDT 등의 화학독성물질이 먹이 사슬에 농축되면서 생태계를 파괴하고 인간의 건강을 위협하고 있다고 고발했다. 그의 글은 1970년에 미국이 환경보호청EPA을 만드는 계기가 되었다. 1972년에는 카슨이 문제 삼은 DDT 살충제의 살포가 미국에서 아예 금지되기에 이른다. 한국에서는 1986년에 DDT의 사용이 금지되었다.

또한 DDT는 다이옥신과 함께 대표적인 환경호르몬으로 취급된다. 다이옥신은 무색, 무취의 화합물로 쓰레기를 소각할 때나 금속을 제련할 때 발생하는 물질이다. 환경호르몬은 인체나 동물 내부에 침투하여 몸속의 호르몬을 교란시킨다. 내분비계의 정상적인 기능을 방해하여 생식 건강을 악화시키고 암의 발생 위험을 높인다. 환경호르몬은

암을 유발하고 면역력을 떨어뜨리며 생식 기능을 저하시키므로 생물에게 매우 유해한 물질이라 할 수 있다.

기후난민 문제

기후난민은 최근 들어 인류에게 새로운 골칫거리로 부상하고 있다. 전 세계적으로 기후변화가 야기한 식량위기가 난민의 수를 늘리고 있으므로 기후난민 또한 인류세의 중요한 속성이라 할 것이다. 시간이 흐를수록 기후난민 문제는 더욱 해결이 어려운 국면으로 치달을 가능성이 높다. 국제사회가 기후난민을 걱정하는 이유는 차고 넘친다.

　기후난민의 발생이 우려되는 지역은 대체로 해수면 상승으로 침수 피해가 예상되는 곳들이다. 남아시아의 방글라데시와 투발루, 키리바시, 몰디브 같은 태평양의 섬 국가들이 대표적이다. 그리고 사하라 사막 이남과 중미의 낙후된 국가 또한 기후변화에 따른 가뭄의 심화로 고향을 등지는 사람들이 늘고 있다. 이들이 원하는 최종 목적지는 누구나 예상하듯이 유럽이나 미국 같은 서구의 선진국들이다.

　특히 2000년대 이후 가뭄과 굶주림에 지쳐 중동 지역과 북부 아프리카에서 지중해를 넘는 사람들이 빠르게 늘었다. 특히 시리아에서는 아랍의 봄과 함께 2011년에 시작된 반정부 시위가 내전으로 확대되면서 많은 난민이 발생했다. 이들은 내전을 피해 터키, 레바논, 요르단, 이집트 등 인접국으로 이주했고 일부는 과감하게 지중해를 건너 유럽으로 들어갔다.

2015년 튀르키예 해변에서 익사한 상태로 발견된 세 살배기 시리아 아이 사진은 전 세계를 비탄에 빠뜨렸다. 가족과 함께 그리스로 몰래 넘어가던 중에 사고를 당한 것처럼 보였다. 이런 이미지들이 공개될 때마다 유럽인들의 마음은 잠시나마 흔들렸지만 무슬림에 대한 뿌리 깊은 거부감까지 없애기에는 역부족이었다.

유럽으로 이주를 시도하는 시리아인이 과연 기후변화가 야기한 난민인지 아니면 잘못된 정치의 희생양인지를 두고 학자들 간에 논쟁이 활발하다. 냉혹한 기후변화가 이들 난민의 진정한 발생 원인인가? 아니면 자국의 불합리한 사회 구조 때문인가? 어느 쪽의 비중이 더 큰지는 판단하는 사람 각자의 성향에 달려 있겠지만 중요한 것은 두 가지가 모두 작용했다는 점이다. 생물이나 사람이나 기후변화와 인간의 행위가 동시에 부정적인 영향을 미칠 때 생존에 대한 위협은 훨씬 높아질 수밖에 없다.

무슬림 난민들이 유럽의 각국으로 들어가면서 다양한 파열음이 일고 있다. EU의 주요 국가인 독일, 프랑스, 이탈리아는 난민 수용 정책을 놓고 분열되는 모습이다. 세 나라가 생각하는 적정한 수준이 서로 다르기 때문이다. 영국은 아예 더는 난민을 받지 못하겠다고 내빼는 쪽을 택했다. EU를 탈퇴한 것이다. 지금은 경제에 어려움을 겪으면서 브렉시트의 결정을 비난하는 국내 목소리가 높지만, 당시에는 영국 국민의 절반 이상이 정부의 브렉시트 결정을 지지했고 그 주된 사유는 난민 문제였다.

난민이 유입되면 문화가 다른 집단들 간에 갈등이 생겨나는 것은 불가피하다. 이를 참지 못한 사람들이 모여 자국의 고유한 문화를 이주민이 훼손한다며 선동하자 국수주의가 유럽 각국에서 점차 만연하고 있다. 그 덕에 과거에 비해 극우 정치인의 인기가 크게 올랐다. 사실 이러한 분열상은 2008년 세계 금융위기 이후에 도드라졌으므로 비교적 최근의 일이다.

냉전이 끝나고 1990년대부터 본격적으로 신자유주의가 부상하기 시작하자 세계화는 빠르게 진행되었다. 이를 도운 일등 공신은 제조업의 아웃소싱과 금융자본주의였다. 그러나 세계화는 시간이 흐를수록 긍정적인 면보다는 부정적인 면이 더 부각되었다. 국가 간 그리고 계층 간 소득 불평등이 심화되었고, 세계화의 흐름 속에서 각국의 문화가 획일화되는 문제도 불거졌다. 선진국에서는 아웃소싱 탓에 제조업이 쇠퇴하면서 일자리가 부족해진 노동자들의 불만이 커졌다. 동시에 늘어나는 이민자를 우려하는 목소리 또한 높아졌다.

그런데 지금의 국제사회는 완연하게 '탈세계화'하는 흐름으로 접어들었다. 그 원인으로 여러 가지를 들 수 있지만 특히 중요한 요인을 꼽으라면 미국과 중국 간의 무역 갈등, 달리 말하면 패권 경쟁이라 할 것이다. 권위주의 국가인 중국이 급속도로 경제성장을 이루자 과도한 무역 적자에 고심하던 미국은 2018년부터 중국을 적극적으로 견제하기 시작했다.

미국은 견제의 이유로 무역불균형 그리고 중국의 지식재산권 침해 및 불공정한 자국 기업 지원 등을 내세운다. 하지만 미국과 중국이 세계의 주도권을 차지하려는 패권 싸움에 이미 돌입했고 무역 갈등은 그 과정에서 나타나는 일종의 불협화음이라는 사실을 모르는 이는 없다. 미·중 무역 갈등이 단시간에 해소될 기미는 보이지 않는다. 점점 첨예해지는 모양새를 볼 때 앞으로도 오래 이어질 것이 확실하다.

또한 역사적으로 오랫동안 앙금이 쌓인 러시아와 우크라이나가 2022년에 전쟁을 시작했고, 이미 아랍 국가들과 수많은 전쟁을 치렀던 이스라엘은 2023년 팔레스타인의 하마스와 또다시 전쟁의 포화 속으로 빨려 들어갔다. 이들 전쟁이 처음 발발한 지 수년이 흘렀지만 여전히 진행 중이다. 사상자들은 계속 늘고 있으며 전쟁이 언제 끝날지 기약이 없다.

전 세계는 분열되는 중이며 탈세계화 경향이 점점 뚜렷해지고 있다. 난민을 둘러싼 의견 충돌, 국가 간 전쟁과 무역 갈등, 에너지와 식량 안보를 강조하는 자국우선주의 등이 심화되면서 앞으로 세계가 다시 화합할 수 있을지 의구심이 든다. 이러한 분열 양상은 앞으로 인류세 위기의 해결을 더욱 어렵게 할 것이다.

전 지구인이 합심해서 같은 생각을 갖고 한 방향으로 나아가도 인류세 문제를 풀기가 벅차 보이는데, 서로 나뉘어

싸움과 경쟁에 몰두하면 어떻게 되겠는가? 한쪽에서 아무리 기후위기의 심각성을 알려도 국가 간 갈등이 봉합되지 않으면 인류가 직면한 전 지구적 환경문제를 완화시키기란 힘들 것이다. 거의 체념한 상태에서 문제를 심화시키지만 않아도 다행이라는 생각을 하게 될는지도 모른다.

다시 기후난민 주제로 돌아가 보자. 우리 한국은 어떨까? 고립국인 북한이 북쪽에 있고 나머지 삼면은 바다로 둘러싸여 있으므로 한국은 섬 국가와 다를 바 없다. 즉 난민들이 쉽게 들어올 수 있는 공간은 아니다. 그래도 우리가 유념할 만한 것이 있는데, 현재 동남아시아의 해수면 상승이 그곳 주민들에게 상당한 위협이 되고 있다는 점이다.

지구온난화가 계속되면서 아시아의 해수면 상승이 점점 심각한 문제로 떠오르고 있다. 예를 들어 인도네시아는 수도인 자카르타가 해수면 상승과 지하수 남용에 따른 지반 침하로 침수 피해가 잦자 장기적인 시각에서 수도를 보르네오섬 동부의 누산타라로 옮기기로 결정했다. 태국의 수도 방콕 또한 유사한 이유로 침수 피해의 규모가 늘고 있어 태국 정부가 수도 이전 문제를 두고 논의에 들어갔다는 소식이 들린다.

앞으로 동남아시아에서는 해수면 상승, 인구 증가, 지반 침하 등의 이유로 거주지를 잃고 떠도는 난민이 점점 늘어날 가능성이 높은데, 이들이 자국 내에서만 움직일 것이라고 장담하기는 어렵다. 지구온난화와 해수면 상승을 제어하는 데 실패한다면 저위도 지역의 국가에서 국경을 넘어 북쪽으로 이동하려는 움직임이 가시화될 것이다.

국경을 넘어 이주하는 것은 어느 정도 여유가 되는 사람들이나 가능한 일일 수 있지만, 지구온난화가 심해지면 무리해서라도 해외 이주를 시도하는 사람들이 늘어날 것이다. 국경이 길고 땅이 넓은 중국으로 이주하려는 움직임이 제일 많을 것 같으나, 일부는 경제적으로 풍족한 일본이나 한국을 향할 가능성도 배제할 수 없다.

미래에 만약 기후변화가 악화일로로 치닫는다면, 우리 다음 세대들은 남쪽에서 올라오는 기후 난민을 인도주의 차원에서 받아들일 것인지 아니면 이를 안보 위기로 간주하고 봉쇄를 할 것인지, 국경의 개방 여부를 두고 심각한 갈등에 봉착할지 모른다.

미래를 예측하기란 힘들지만 만약 기후 난민이 실제 한국의 문을 두드린다면 인도적 차원에서 국경을 조금이라도 여는 것이 옳지 않을까 생각한다. 봉쇄를 한다고 해도 결국 넘어올 사람들은 넘어오고 갈등은 피할 수 없을 테니 말이다.

최근 오스트레일리아가 해수면 상승으로 삶이 힘들어진 투발루섬의 기후 난민들을 받아들이기로 결정했다. 난민들에게 새 기회를 제공한 오스트레일리아의 처사에 외신의 찬사가 이어졌다. 앞으로 매해 투발루인 280명이 오스트레일리아에서 두 번째 인생을 시작하게 된다. 오스트레일리아는 1970년대 초반까지 백호주의를 고수하며 인종을 차별하던 국가였는데, 이렇게 달라진 모습이 놀라울 따름이다. 이번 오스트레일리아 정부의 과감한 움직임은 위기와 분열의 시대에 바람직한 모범 사례로 남을 만하다.

인류는 앞으로 이기심을 버리고 공존의 길을 적극 모색해야 한다. 다른 문화를 고수하는 외부인이 두렵고 싫더라도 이에 편견을 가져서는 곤란하다. 2023년에 나온 재난 영화 〈콘크리트 유토피아〉를 보면, 대형 재해를 겪고도 운 좋게 무너지지 않은 한 아파트의 주민들이 등장한다. 이들은 자신의 아파트를 지키며 추운 날씨에 거처를 찾아 떠도는 외부인에게 냉정하게 대하는데, 그 과정에서 벌어지는 여러 사건들이 영화 속에서 생생하고 잔혹하게 그려진다.

환경위기에 생존에 위협을 느낀 아파트 주민들이 자신의 안위를 위해 이기적으로 행동하는 것을 막을 방도는 없다. 내부의 갈등은 확대되고 외부와의 분쟁은 잦아진다. 서로가 서로를 죽이는 아비규환이 펼쳐진다. 이 지옥 같은 상황에서 살아남더라도 희망이 없다는 것을 모두가 안다. 하지만 서로 도울 생각은 별로 없다. 부족한 자원에 속임수가 난무한다. 영화의 줄거리는 누구나 예상한 대로 이어지고 결국 모두가 피해를 입는 상황으로 나아간다.

공존의 노력 없이는 공멸만 있을 뿐이다. 지구의 모든 구성원이 공존할 수 있다면 지구와 인간 사회의 지속 가능성은 유지될 것이다. 불편하고 힘들더라도 모두가 함께 뜻을 모아 탄소 중립을 이루자는 구호는 어떻게든 공멸은 막아야 한다는 절박함에서 나오는 외침이다.

지금까지 인류세의 네 가지 속성을 간략하게 훑어보았다. 인류세 위기는 전적으로 인간의 과오와 욕심에서 비롯된 것이다. 이 말은 우리가 과오를 반성하고 욕심을 버리면 인류세 위기의 극복이 충분히 가능하다는 의미를 띠고 있기도 하다. 과거에 저지른 실수를 반복하지 않고 과도한 욕심을 부리지 않는다면 지구 생태계는 충분히 정상으로 회복될 수 있다. 그럼 인류는 다른 구성원들과 조화를 이루며 지속 가능한 지구 공간을 오랫동안 누릴 수 있을 것이다.

인류가 현 인구수를 유지하면서 자연환경을 전혀 교란시키지 않는 것은 불가능해 보인다. 자연을 조금 훼손한다 해도 지구의 지속 가능성을 해치지 않으면 그것으로 족하다 할 것이다. 그런데 지구는 어느 정도의 교란까지 견딜 수 있는 것일까?

행성 경계

지구의 지속 가능성을 논할 때 자주 언급되는 학술용어 중에 행성 경계Planetary Boundaries라는 단어가 있다. 행성 경계는 스톡홀름 회복력센터와 포츠담 기후영향연구소의 요한 록스트룀 소장 및 28인의 과학자들이 인간의 활동이 지구 생태계에 미치는 영향을 평가하기 위해 2009년에 개발한 개념이다. 이들 연구진은 지구의 한계를 아홉 가지 부문으로 나누고 현재 어떤 부문이 위험한지를 과학적 근거를 토대로 논했다.

이들의 2009년도 연구를 보면, ① 기후변화, ② 생물 다

양성 손실, ③ 질소·인 순환, ④ 해양 산성화, ⑤ 토지 시스
템 변화, ⑥ 담수 사용, ⑦ 오존층 파괴, ⑧ 대기오염, ⑨ 화
학물질오염의 총 아홉 개 부문 중에서 세 개 부문이 이미
안전 구역을 벗어난 것으로 나온다. 온실가스 증가에 따른
기후위기, 멸종률 증가에 따른 생물 다양성 저하, 그리고
질소 비료의 과도한 사용에 따른 질소 순환 문제가 그 세
개 부문에 해당한다.

이 정도면 다행이라고 봐야 하는 것인지는 몰라도,
2009년에는 이 세 개 외에 나머지 여섯 개 부문은 안전한
범위 내에 있었다.

그런데 14년 후 이들은 2023년에 새로운 자료를 보고
하면서 아홉 개 부문 중에 여섯 개 부문이 경계를 초과하여
안전하지 않은 상태에 있다고 주장했다. 그들이 새롭게 위
험하다고 본 부문 세 가지는 신물질의 양, 토지 시스템의
변화, 담수의 변화 등이다. 여기서 신물질이란 플라스틱같
이 인간이 인공적으로 새로이 만들어 낸 합성 화학물질을
의미한다. 앞서 언급했지만 인간의 플라스틱 남용으로 생
태계는 많은 고통을 겪고 있다. 인류세를 상징하는 층서학
적 근거로 플라스틱 층이 제시될 만큼 플라스틱은 주변에

서 매우 흔해졌다. 인간의 신물질이 일으키는 환경오염이 이제는 안전 경계를 넘어 위험 수준에 도달했다는 우려가 커지고 있다.

과도한 토지 이용 또한 안전 구역을 벗어난 문제로 제시되었다. 인간은 지금까지 엄청난 면적의 삼림을 파괴했고 대규모의 농지를 조성했으며 무분별하게 도시를 확장했다. 이 과정에서 자연은 심하게 교란되었고 다양한 부작용들이 불거졌다. 현재에도 토지의 지속 가능성을 고려하지 않고 개발에만 몰두하는 모습은 여전하다. 이제는 토지 시스템의 변화 속도와 폭이 너무 커져서 더는 지구가 감당하기가 힘들 것이라는 전망이 나온다.

인간 사회의 지나친 물 사용량도 생태계에 많은 부담을 안기고 있다. 육상에 있는 담수의 70퍼센트 이상을 이미 사용하고 있음에도 인간의 물 사용량은 앞으로도 계속 늘어날 것으로 예측된다. 최근 각광을 받고 있는 AI 산업에서도 물은 필수적인 자원이다. 산업의 쌀로 불리는 반도체를 만들 때 엄청난 양의 물이 소모되기 때문이다. 고도로 정제된 물로 불순물을 제거하는 일은 반도체 생산 공정의 핵심 작업이다.

또한 앞서 살펴본 바와 같이 미래의 AI 수요 증가로, 데이터센터는 지속적으로 확장될 터, 물의 수급 여부는 매우 중요한 과제로 떠오를 것이다. 데이터센터를 물로 냉각할 때 증발량이 상당히 많을 것으로 보이기 때문이다.

지구온난화로 가뭄이 심화되면서 만성적인 물 부족에 시달리는 사람들이 늘고 있음에도 물의 오남용은 여전하다. 여기에 AI 산업까지 더해지면서 앞으로 물 부족 문제가 인간 사회의 발목을 잡지나 않을지 우려된다.

인 순환과 질소 순환 또한 행성 경계를 초과한 부문에 꼽혔다. 인 순환은 질소 순환과 달리 2009년의 행성경계 자료에서는 위험하다고 보지 않았는데 2023년 자료에서는 두 원소 순환 모두 위험한 수준에 있다고 평가했다. 질소나 인의 오염은 모두 농업 생산량을 높이기 위해 과도하게 비료를 투입하면서 비롯된 것이다. 비료뿐 아니라 살충제나 제초제 같은 화학물질의 사용을 줄이고 유기농법을 활성화하는 방향으로 가는 것이 장기적으로 맞는 방향이 아닐까.

행성 경계라는 개념이 도출된 이유는 지구 생태계 내에서 문제가 심한 곳을 세심하게 관리하여 인류세의 위기를 효율적으로 타개하기 위해서일 것이다. 지구 생태계를 단 아홉 개 부문으로 나눠서 보는 것이니 상당히 추상적으로 느껴지기는 한다. 또한 복잡하게 얽혀 있는 생태계를 몇 가지로 구분해서 살핀다는 것은 그 의도가 무엇이든 간에 반길 만한 접근 방향은 아니다. 그러나 어쨌든 우리는 안전 구역을 넘어선 부문이 과거보다 늘었다는 점을 기억해야 한다. 이것들을 다시 경계 내로 되돌려야 하는 과제가 우리 앞에 놓여 있다고 할 수 있다.

그런데 과연 그것이 가능할까? 무엇을 어떻게 해야 하는 것일까? 과감하게 움직였다가 오히려 상황을 악화시키는 건 아닐까? 지구의 지속 가능성을 되찾기 위해 인간이 해야 하는 일과 할 수 있는 일에는 어떠한 것이 있을까? 이에 정답은 없어 보이지만, 다음 장에서 몇 가지 방안에 대해 논해보겠다.

오직 인간만이 지구의
운명을 바꿀 수 있다

적응 문제와 마음가짐

지구온난화는 현실이다. 이제 우리는 이 사실을 받아들여야 한다. 전 세계가 온실가스 배출량을 줄이기 위해 노력하고 있지만 그 결과는 별로 인상적이지 않다. 전문가들은 기온 상승을 산업화 이전 대비 1.5℃ 이내로 막거나 이것이 어렵다면 2℃ 이내로라도 막을 것을 주문하지만 현실적으로 쉽지 않아 보인다. 대부분의 학자들은 조만간 지구 기온의 상승폭이 1.5℃ 선을 넘을 것으로 예상하며 2℃ 선도 지키기 힘들 것으로 본다.

이제 상승폭이 3℃에 접근할 것으로 보는 학자들이 늘고 있다. 이들은 3℃ 이내로 막을 수만 있다면 AI 등의 과학 기술을 동원하여 인간 사회가 지구에서 버텨낼 수 있을 것이라 믿는다. 즉 이는 어느 정도의 지구온난화는 감수해야 한다는 것을 의미하며, 동시에 온난화에 대한 적응이 앞으로 점점 더 중요해질 것이라는 점을 시사한다.

온실가스의 '감축'만 중요한 것이 아니다. 기온 상승에 대한 '적응'도 그에 못지않게 중요하다. 특히 적응 대책이 부실하여 기후변화의 여파를 고스란히 받는다면 생활이 어려운 취약계층이 입는 피해는 상대적으로 더 커질 것이다. 정부나 지자체는 형평성 차원에서라도 적응 대책을 마련하는 일에 적극 나설 필요가 있다.

사실 10여 년 전만 해도 환경운동가들 사이에서 적응 대책을 논의하는 것 자체를 금기시하는 분위기가 강했다. 온난화에 대한 적응을 이야기하면 온실가스 감축의 시급성이 외면받지는 않을까 우려했던 것이다. 그들은 문제를 해결하려면 근본적인 원인부터 제거해야 한다고 보았다. 이렇게 화석연료의 수요에 쉽게 굴복해 버리면 반전을 기대하기 어렵다고 생각한 것이다.

그러나 최근 들어 온난화 문제가 쉽게 풀리지 않을 것이라는 분위기가 팽배해지면서 감축 못지않게 적응의 중요성도 입에 자주 오르내리고 있다. 화석연료 사용에 익숙해진 인류가 많은 불편을 감수하면서 온실가스 배출을 의미 있는 수준까지 줄일 수 있을까? 아마 쉽지 않을 것이다. 게다가 여전히 인간다운 삶을 누리지 못하는 미개발국의 주민들도 많이 있다. 이들의 성장 욕구를 지구온난화를 핑계로 마냥 억누르기도 어려운 노릇이다. 단시일 내에 획기적으로 온실가스 배출량을 줄이기는 어려워 보인다.

지구온난화를 현실로 받아들여야 한다면 이제는 적응에도 신경을 써야 하는 것이 옳다. 그러나 여전히 기후변화 적응과 관련해서는 뭔가 특별한 움직임이 감지되지 않는다. 이는 한국도 다른 나라들도 마찬가지다. 에너지 전환과 맞물려 다양한 방식으로 진행되고 있는 온실가스 감축 노력과 비교할 때 관심도 면에서 훨씬 떨어진다고 봐야 한다. 이는 아마도 지역별로 위기의 종류가 모두 제각각이라 맞춤형으로 적응책을 마련해야 하는 난해함 때문일 것이다. 또한 적응책은 장기적인 비전하에 마련하는 것으로 당장 효과를 볼 수 있는 성질의 것이 아니다. 따라서 미래에 대비한답시고 아까운 자원만 낭비한다는 지적이 항상 뒤따를 수밖에 없다.

여러 난관이 있겠지만 그렇다고 기후변화에 대한 적응 노력을 멈춰서는 안 된다. 앞으로 지구온난화의 폭은 커지면 커졌지 줄어들 가능성은 거의 없기 때문이다. 미래의 기후위기를 조금이라도 완화하고 싶다면 온실가스를 감축하는 것과 함께 온난화에 대한 적응책 또한 충실하게 준비해야 한다. 그래야 우리가 희망하는 바를 이룰 수 있다.

자연의 화를 돋운 것은 인간의 욕심이었다. 인간은 자신의 업보나 다름없는 기후변화에 적응할 수 있을까? 그리 쉽지 않을 것이다. 만약 적응이 쉬울 것이라 봤다면 필자가 이 책을 쓰지도 않았을 것이다. 그러나 기후위기를 어려운 문제로 받아들여야지 해결 불가능한 문제로 여기고 회피해서는 안 된다. 기후위기를 너무 두려워하게 되면 이를 한없이 부정적으로만 바라보면서 결국 '어차피 안 될 거. 그냥 즐기면서 살자'는 식으로 자포자기하는 심정에 이를 수 있다. 또 '미래에는 환경위기가 지금보다 더 심각해진다는데 고생할 것이 뻔한 아이는 낳아서 뭐 하나'라면서 미래세대에 대한 희망을 버릴지 모른다.

기후변화를 막을 수 없다는 무력감과 지구를 망가뜨린 인간을 향한 분노 때문에 기후 우울증에 걸리는 사람도 늘고 있다. 기후 우울증에 시달리는 사람은 스스로 자신의 삶을 개척하는 데 어려움을 겪을 수밖에 없다. 결혼이나 출산 계획을 세우는 일도 버겁게 느낄 것이다. 기후위기는 가뜩이나 낮은 출산율을 더욱 낮출 가능성이 높다. 저출산은 최근 한국을 포함한 대부분의 선진국에서 가장 대처하기 어려운 사회 문제로 부각되고 있다. 기후변화와 저출산 외에도 자연재해, 식량부족, 물부족, 전염병, 테러확산, 정보보안 문제, 공급망 문제 등 전 세계의 위기들은 상호 긴밀하게 연결되어 있다. 그리고 대체로 서로를 강화한다.

부정적인 생각들은 전염성이 강하다. 사회 분위기가 포기하는 방향으로 흐르면 미래에 반전을 기대할 수 없다. 매사를 부정적으로 바라보는 것은 상황을 더 나쁘게 이끌 뿐이다. 이는 바람직하지 못하다. 우리가 노력하면 해결이 가능할 것이라는 긍정적인 마음가짐을 가져야 한다.

과학기술, 시장, 그리고 도덕성

현재 기후변화 대응책으로 가장 선호되는 형태는 과학기술이나 경제적 방안이다. 앞서 간략하게 살펴보았던 지구공학적 방법은 과학기술을 이용하여 기후변화에 대응하고 적응하려는 시도라 할 것이다. 성층권에 인공 에어로졸 막을 만드는 방법 외에도, 바다 위 구름을 더욱 밝게 만들어 반사율을 높이는 방법, 대기 중의 이산화탄소를 직접 포집하는 기술, 바다에 철분을 뿌려 플랑크톤의 광합성량을 늘리는 방법, 대용량의 배터리 제조 기술 등 과학기술 기반의 여러 방안들이 논의되고 있다. 최근 각광을 받고 있는 AI 또한 미래에 어느 수준까지 발전할지 전혀 예측하기 힘들지만 우리가 활용만 잘 한다면 분명 기후위기를 극복하는 데 도움이 될 것이라 생각한다.

기후변화에 경제적으로 대응하는 방식에도 여러 가지가 있다. 기업별 또는 국가별로 온실가스의 배출 허용량을 정하고 필요에 따라 이를 거래하는 탄소 배출권 제도는 전형적인 시장 기반의 대응 수단이다. 그리고 탄소 국경세는 국제무역을 통해 탈탄소화를 유도하여 기후 문제를 완화하려는 방안이다. 현재 EU가 앞장서서 도입하고 있다. 탄소 배출이 많은 국가의 제품에는 추가적인 세금을 부과한다.

또 환경위기 시대를 맞아 최근에 인기를 끌고 있는 것이 ESG 경영이다. ESG는 환경Environmental, 사회Social, 지배구조

Governance의 약자로, 자연환경을 보호하고 사회적으로 책임을 지며 윤리적인 경영을 추구해서 인류의 지속 가능한 발전에 기여하겠다는 기업들의 원대한 포부를 담은 개념이다. 세 가지 요소 가운데 기업에서 특히 중요하게 생각하는 것은 물론 환경이다. 최근 대중들이 기후위기와 같은 환경 문제에 많은 관심을 보이고 있기 때문이다.

ESG 목표를 충실히 실천하는 기업은 소비자가 좋게 평가할 가능성이 높으므로 투자가치는 계속 오를 것이다. 이러한 사회 분위기는 기업이 이윤 추구 외에 환경에도 관심을 기울이는 계기가 되고 있다. 한편, 기업들이 자신의 전력 수요를 100퍼센트 재생에너지로 충당하기로 약속하는 RE100 프로젝트 또한 기업의 이미지를 제고하여 소비자나 투자자를 끌어들이려는 목적이 강하며, EGS 경영의 연장선상에 있다고 볼 수 있다.

그런데 이런 다양한 대응책들이 얼마만큼의 효과를 낼 수 있을까? 대부분 아직 계획 단계에 있거나 시행 초기 단계이므로 그 효과를 전망하기는 어렵지만, 반신반의하는 전문가들이 많은 것이 사실이다. 지구공학적 방법들이 갖는 불확실성과 위험성은 앞에서 이미 설명했다. 탄소 국경세의 경우 세금을 공정하게 부가하려면 각 제품의 생산 과정에서 배출되는 온실가스량을 정확히 측정하는 작업부터 이뤄져야 하는데 이것이 쉬운 일이 아니다. 또한 수출 위주의 개발도상국들이 불만을 가지면서 무역 갈등이 발생할 소지도 있다. 탄소 배출권 제도는 배출권을 기업이나 국가에 처음 할당할 때 합당하고 공정하게 할 수 있느냐가 관건이다.

탄소 배출권과 탄소 국경세 제도는 EU가 중심이 되어서 추진하는 방법으로서, 서로 약점을 보완하는 성격이 강하다. 온실가스 배출에 민감한 EU는 지역 내에서 탄소를 배출하는 주체들이 부담해야 하는 비용(탄소 배출권 가격 등)이 매우 높은 편이다. 따라서 경쟁력 강화 차원에서 탄소 규제가 느슨한 해외로 생산활동의 이전을 고려하는 기업이 생길 수 있다.

만약 자기 지역에서 생산된 제품의 가격이 비싸다고 해외에서 탄소를 배출하여 만든 제품을 수입해서 사용한다면, 전 지구의 온실가스량을 줄이려고 시작한 탄소 배출권 제도의 효과는 사라질 것이다. 탄소 국경세는 온실가스 배출량을 감축하는 동시에 역내 산업을 보호하려는 EU의 고

육책이라 할 수 있다. 무역 마찰이 우려됨에도 말이다.

ESG 경영 또한 전반적인 탈세계화 흐름으로 에너지와 식량 가격이 상승하고 공급망 문제가 부각되면서 처음의 동력을 많이 잃은 모습이다. 재정 압박에서 벗어나려는 기업들이 단기적인 비용 절감에 나서면서 ESG 목표는 후순위로 밀리고 있다. 환경운동가들은 많은 기업들이 겉으로만 환경을 위하는 척하고 뒤에서는 이윤을 추구하면서 여전히 환경을 훼손하고 있다며 비판한다. 이른바 그린워싱 Greenwashing 논란이다. 그린워싱은 기업이 실질적으로 환경 보호에 힘쓰지 않음에도 마치 친환경적인 활동에 열심인 것처럼 홍보하거나 포장하는 것을 비꼬는 말이다. 환경에 진심인 소비자라면 기업의 의도를 정확히 판단하는 능력까지 길러야 하는 상황이다.

시장 기반의 기후변화 대응책은 기후위기를 완화하면서 동시에 경제적으로도 성장을 추구하기에 확실한 효과를 내기가 쉽지 않다. 우선 시장 기반의 대응책은 재정적으로 손해를 보는 사람이 생길 수밖에 없고 이들의 강한 저항이 정치적인 갈등을 일으킬 소지가 있다. 적정한 탄소 가격을 정하는 것도 어려운 일이다. 재생 에너지의 비중이 높아지면 탄소 가격은 낮아질 테고 그럼 이러한 방안이 효과를 내기 어려울 수 있다. 다시 말하지만 지구를 살리는 일과 인간의 경제성장을 양립시키기란 쉬운 일이 아니다. 시장 기반의 방안들은 보통 단기적인 이익을 쫓게 마련이다. 장기적으로 대처해야 하는 기후 문제의 궁극적인 해결책이 되기는 어렵다고 본다.

우리가 기후위기를 극복하고 지구와 인류의 지속 가능성을 되찾기 위해 마지막으로 의지할 수 있는 그리고 최선이라 할 수 있는 방안은 결국 도덕성과 윤리의식의 꾸준한 함양이라 할 것이다. 올바른 윤리와 철학의 뒷받침 없이 인류세 위기를 풀 수는 없다. 자신의 욕심에 취해 지구 생태계에 무분별하게 개입하는 것은 비윤리적임은 물론 우리 스스로를 해하는 행동이다. 반대로 소비를 절제하고 에너지를 절약하면서 온실가스 배출량을 줄여나가는 것은, 생태계의 부담을 덜어주는 윤리적인 행위라 할 것이다. 지구 생태계를 보호하고 이와 공존을 꾀하는 것이 인간 본연의 책임이자 가치이다.

인간과 자연은 밀접하게 연결되어 서로 간에 끊임없이 영향을 주고받고 있다. 인간을 포함하는 지구의 모든 행위자들은 공존한다. 미래에 서로에게 도움을 주는 공생 관계가 강화되고 유지된다면 모두 살아남을 수 있다. 그러나 인간이 지난 과오를 반성하지 않고 자연에 대한 배려 없이 여전히 이용하려고만 든다면 지구 생태계의 공멸 가능성은 지금보다 더 높아질 것이다.

시스템 분석과 가이아 이론

1962년 《침묵의 봄》 출간과 함께 시작된 '환경운동'이 지금까지 이어져 오면서 자연보호의 중요성을 세계에 널리 알린 것은 찬사를 받아 마땅하다. 그러나 지금의 인류세 위기를 해소하기에는 현재의 환경운동이 갖는 역량과 잠재력이 부족한 것이 사실이다. 이를 개선하고 보완하려는 노력이 필요하다는 의견들이 많다.

이미 환경環境이라는 용어 자체가 인간을 자연에서 분리하는 낡은 사고방식을 반영한다. 환경의 한자 뜻은 '둘러싼(환) 경관(경)'이다. 즉 환경은 인간을 둘러싼 경관을 의미한다. 인간을 중심에 놓고 인간과 자연을 구분하는 근대의 전통적인 이분법적 사고가 단어에 고스란히 녹아 있는 것이다. 영단어 environment 또한 마찬가지다. 어근인

environ이 '둘러싼'이란 의미를 지닌다.

전통적인 환경 정책이 지금의 인류세 문제를 해결하기에는 역부족이라는 느낌이 든다. 가령 주류 환경 정책은 자연환경 보호에 초점을 맞추고 인간 사회 내의 정의나 불평등 문제에는 큰 관심을 보이지 않는다. 또한 인류세 위기를 해결하기 위해서는 민주적인 거버넌스의 확립이 필수지만 기존의 환경 정책에서는 이는 그리 중요한 이슈가 아니다.

무엇보다, 인류세 위기는 전 지구적 환경문제인데 과거의 환경 정책은 공간적 범위가 지역에 국한되는 경우가 많았다. 인류세 문제의 규모와 복잡성을 고려할 때 전통적인 환경 정책이 갖는 한계는 뚜렷하다. 과거 정책의 좁은 시야로 지엽적인 위험을 관리하는 데 그쳐서는 이 문제를 풀 수 없다.

따라서 환경 정책에도 패러다임의 전환이 필요하다. 인간과 자연을 분리하는 이분법적 사고에서 벗어나 인간과 비인간이 완전하게 통합된 상황을 상정해야 한다. 그다음엔 지구를 구성하는 요소들 간의 상호작용에 주목한다. 지구를 하나의 복잡한 시스템으로 보는 것이다. 그래야 지구가 안고 있는 문제들을 정확히 파악하고 해결책을 내놓을 수 있다. 지구시스템 과학이나 사회생태시스템 분석 등은 이때 활용할 만한 도구들이다.

자연과학자들은 20세기 중반부터 대기, 해양, 지각, 생물 등의 상호작용에 주목하기 시작했고 여기에 인간까지 포함하는 지구시스템 과학을 발전시켰다. 자연과학자들에 비해 조금 늦었지만 인문사회과학자들도 1990년대 이후 인간 사회를 파악할 때 생태환경의 영향을 중시하는 사회생태시스템이라는 개념을 개발했다. 이 두 개념은 인간과 자연을 통합하고 다양한 구성 요소들의 상호작용에 초점을 맞춘다는 공통점을 갖는다.

예를 들어 인간의 과도한 목축이 식생을 파괴하여 토양침식을 일으키고, 저하된 지력을 회복하려고 비료를 뿌리다가 토양오염과 하천오염을 불러오고, 강을 따라 연안까지 내려온 영양염에 해양오염이 발생하고, 적조현상에 해양생태계가 무너지면서 어민들이 피해를 입으며, 어민들이 어업을 포기하고 그 대신 목축을 하면서 또 식생을 파괴하는 식의 연쇄 반응이 나타날 수 있다. 이 정도만 해도 무척 복잡하다고 느끼겠지만, 실제 상황에서는 인과관계의 파악이 불가할 정도로 훨씬 더 혼란스러운 과정이 전개된다. 여러 사건들이 복잡다단한 연결망을 구성하며 서로가 서로에게 영향을 미친다. 이러한 관계와 연결을 이해하려는 시도가 시스템 분석이라 할 수 있다.

사건들이 서로를 강화하는 양의 되먹임 고리에 빠지게 되면 시간이 흐를수록 상황은 더 빠르게 악화된다. 사건 a가 특정 환경에 1만큼의 영향을 미쳤다 해서 그 환경이 1만큼만 변하는 경우는 드물다. 사건 a가 다른 사건 b와 사건 c를 야기하고 사건 b와 사건 c가 다시 사건 a에 영향을 주면서 환경은 3이나 4만큼 변하는 비선형적 관계가 흔하게 나타나며, 이는 시간이 흐를수록 뚜렷해진다. 따라서 어떤 상황이 발생했을 때 그와 관련된 인과관계를 완벽하게 밝히기란 거의 불가능에 가깝다.

현 상황을 정확히 진단하고 미래를 실제와 비슷하게 예측하려면 무엇보다 연결성과 관계에 주목해야 한다. 기존의 환경 정책이 그러했듯이 식생파괴, 토양침식, 토양오염, 하천오염, 해양오염, 해양생태계 파괴, 식량부족 등의 문제를 하나하나 분리해서 보게 되면 전체를 놓치는 실수를 피할 수 없다.

지구시스템 과학과 사회생태시스템 분석 모두, 지구를

자연환경과 인간 사회가 강하게 결합된 하나의 시스템으로 간주한다. 인간 사회와 생태계가 독립적으로 존재하지 않고 서로 영향을 주고받는 관계 속에 있다는 것이다. 학계에서 인간과 자연이 복잡하게 얽혀있는 상황을 분석하기 위해 자주 동원되는 연구 방법 가운데 복잡계 이론이라는 것이 있다. 이 책에서도 한두 번 언급된 바 있는 개념들, 가령 작은 변화가 큰 파장을 불러오는 비선형적 관계, 급격한 변화가 시작되는 임계점, 양의 혹은 음의 되먹임 고리, 외부 충격에 균형을 되찾는 회복력과 자기조직화 등은 모두 복잡계 이론을 구성하는 핵심 축이라 할 수 있다.

한편, 대중에게도 많이 알려진 가이아 이론 또한 지구시스템 과학의 발전에 톡톡히 기여했다. 가이아는 고대 그리스 신화에 나오는 대지의 여신 이름이다. 영국의 과학자 제임스 러브록James Lovelock이 지구의 속성을 기술할 때 이 이름을 가져다 썼다. 그의 가이아 이론에 따르면, 지구는 생물과 무생물 환경의 상호작용을 통해 유지되며 스스로 변화에 적응하고 진화하는 하나의 거대한 유기체와 같다. 지구시스템 과학이 자연과학 데이터와 모델링을 기반으로 실증적인 분석에 주력할 때, 가이아 이론은 이론적으로 그리고 철학적으로 지구시스템 과학을 뒷받침하면서 복잡한 지구를 이해하는 데 도움을 주고 있다.

지구의 자기조절작용은 가이아 이론의 핵심 개념이다. 지구가 교란이나 충격에 노출되더라도 스스로 균형을 찾아 안정성을 유지할 수 있다는 것으로 이는 지구 생태계가 지닌 저항력과 회복력을 의미한다. 지구시스템 과학에서 '음의 되먹임negative feedback'이라는 개념이 있다. 이는 지구 생태계가 외부 충격으로 갑작스러운 변화를 겪을 때 이를 다시 정상으로 돌리는 힘을 말한다. 가이아 이론에서 말하는 지구의 자기조절작용과 일맥상통한다.

그런데 간혹 지구의 자기조절작용으로도 적절한 제어가 어려운 대규모 교란이 발생할 수 있다. 그렇게 되면 생태계를 구성하는 모든 행위자들은 존재의 소멸 위기에 처한다. 실제 과거에도 수차례 그런 적이 있었다. 앞에서 다룬, 지구 역사에 있었던 다섯 차례의 대멸종을 떠올려 보라.

가이아 이론이 갖는 함의는, 만약 인간이 지구가 가진 회복력과 저항력을 초과하는 수준으로 지구를 교란한다면 언제든 생태계는 붕괴될 수 있다는 경고일 것이다. 지구 생태계의 자기조절작용에는 분명한 한계가 존재한다. 러브록은 은유적으로 지구를 대지의 여신이라 표현했지만, 지구는 우리가 원하는 것은 뭐든지 줄 수 있는 어머니 대지가 아니다. 광활한 우주에서 눈에 잘 띄지도 않는 취약한 행성일 뿐이다.

오만함의 인류세에서
겸허함의 인류세로

지속 가능한 발전

'지속 가능한 발전'은 1987년 〈우리 공동의 미래^{our common future}〉 보고서에서 처음 그 개념이 제시된 이래 국제적으로 수십 년간 광범위하게 사용되어 온 용어이다. 보고서에서 지속 가능한 발전은 '미래세대의 발전에 방해가 되지 않는 수준에서 현재 세대가 발전하는 것'으로 정의되었다. 다시 말해 현 세대의 욕심을 채우기 위해 미래 세대가 사용할 자원을 낭비해서는 안 된다는 의미이다. 지속 가능한 발전은 국제사회에 처음 모습을 드러낸 지 이미 40년 가까이 지난 오래된 단어임에도 여전히 많은 사람들에게 인기가 높다. 지구를 지속 가능하게 유지하면서 발전까지 이룰 수 있다고 말하는 것이니 다수의 사람들이 혹할 수밖에 없다.

지속 가능한 발전은 인류세 위기의 해결에도 유용한 관점을 제공한다. 현재 기후위기에 사회의 모든 시선이 쏠려 있다 보니 생태계 위기나 사회의 불평등이 심화되는 문제를 놓치는 경우가 많다고 앞서 언급한 바 있다. 2015년 유엔이 발표한 지속 가능발전목표SDGs는 인류가 앞으로 나아갈 방향을 총 17가지로 구분하여 제시한다. 그 내용은 ① 빈곤 퇴치, ② 기아 종식, ③ 건강과 웰빙, ④ 양질의 교육, ⑤ 성 평등, ⑥ 깨끗한 물과 위생, ⑦ 저렴한 청정 에너지, ⑧ 양질의 일자리 및 경제성장, ⑨ 산업, 혁신 및 인프라, ⑩ 불평등 감소, ⑪ 지속 가능한 도시와 공동체, ⑫ 책임 있는 소비와 생산, ⑬ 기후 행동, ⑭ 하천 생태계 보존, ⑮ 육상 생태계 보존, ⑯ 평화, 정의, 강력한 제도, ⑰ 목표를 위한 파트너십이다.

기후변화뿐 아니라 다른 여러 사회 문제가 총망라되어 있고 명시적으로 모든 목표는 동일한 중요성을 갖는다. 지금까지 인간이 유발한 여러 환경 및 사회 문제들을 모두 검토하고 그 해결책을 찾는 계획이라 할 수 있다. 개인적으로 기후위기나 기후 비상사태 등의 말을 외치며 기온 제한 목표치의 달성을 금과옥조같이 여기는 것보다는 이렇게 여러 사안들을 함께 짚어보며 전체적인 해결을 꾀하는 것이 복잡한 인류세 위기에 대처하는 좀 더 나은 방법이 아닌가 생각한다.

그럼 지속 가능한 발전이 완전무결한 개념일까? 수십 년 전에 처음 제안된 용어인데 그럴 리가 없다. 무엇보다 지속 가능과 발전은 서로 잘 어울리지 않는다. 경제적인 이득을 위해 성장하고 발전하려 한다면, 지구의 지속 가능성이나 거주 가능성은 저하될 수밖에 없다. 경제학자들은 지속 가능한 발전이 충분한 가능한 아이디어라고 생각할지 모르지만, 많은 인문사회과학자들은 지속 가능성을 이야기하면서 발전을 꾀하는 전략에 부정적이다.

아니나 다를까 17가지 지속가능발전 목표 가운데 기후 행동, 해양생태계 보존, 육상생태계 보존 등 단 세 가지 목표만이 자연생태계와 관련이 있다. 여기서 기후 행동 또한 기후변화가 인간에게 미칠 영향을 완화하는 것이 주 목적이므로 엄밀히 말해 자연생태계를 위한 것은 두 가지 정도밖에 없는 셈이다. 나머지는 모두 인간의 삶의 질을 개선하는 것을 목적으로 한다. 이렇듯 지속가능발전 목표라는 것이 자연보다는 주로 인간에게 도움이 되는 사안들로 구성되어 있음을 알 수 있다.

최근 생태계 위기에 맞서는 창의적인 대처 방안으로 각광받고 있는 생태계서비스 또한 비슷한 문제점을 안고 있다. 이는 자연의 가치를 인간의 필요에 기반하여 평가하므로 대놓고 인간중심적이라며 비판을 받는다. 생태계서비스는 생태계의 각 기능이 인간에게 얼마나 유용한지를 따진다. 예를 들어 생태계는 이산화탄소를 흡수하고 홍수를 조절한다. 또 수질을 정화하고 토양을 형성하며 영양소를 순환시킨다. 인간에게는 식량과 물 그리고 약을 공급한다. 생태계는 또 인간이 자연의 숭고함을 느끼고 여가 활동을 즐길 수 있는 기회를 제공한다. 이렇듯 여러 역할을 수행하고 있는데 이것들을 모두 경제적 가치로 환산하여 생태계 보호의 원동력으로 삼으려는 전략이다.

생태계의 가치를 객관적으로 평가한다는 것은 쉽지 않다. 이는 마치 기후변화 문제를 탄소 국경세나 탄소 배출권 제도로 풀려고 하는 어려움과 유사하다. 경제적 가치가 낮은 것으로 판명된 (그러나 생태계 내에서는 매우 중요할 수도 있는) 기능이 보호받지 못하고 외면당할 위험성도 있다. 무엇보다 이런 식의 사고는 자연은 인간을 위해 존재한다는 근대의 이분법적 인간중심주의를 답습하는 느낌이다.

지속가능발전 목표나 생태계서비스 모두 자연환경 보호에 효과적인 정책임에는 분명하다. 단, 지구 생태계의 보존을 앞에 둬야지 인간의 이익을 앞세우면 이런 정책들의 본래 수립 목적은 분명 퇴색될 것이다. 경제적인 접근 방식을 효과적으로 활용하면 분명 기후위기나 생태계 위기에 맞설 때 도움이 된다. 특히 단기적으로 효과가 클 것이다.

그렇더라도 경제적인 접근 방식에만 의지해서는 인류세 문제를 해결하기는 어려울 것이다. 경제성장을 염두에 두면 결국 인간이 중심이 될 수밖에 없고 인간과 자연이 다시 분리되는 문제가 발생한다. 지금은 이익이나 성장에 대한 욕심을 거두고 생태계의 지속 가능성을 중시하는 가치의 전환이 필요한 시점이다. '지속 가능한 발전'에서 발전을 빼고 여기에 정의를 더한 '정의로운 지속 가능성'은 어떨까? 전자보다는 후자가 인류세 위기에 더 어울리는 표어가 아닐까 생각한다.

그런데 가치의 전환을 이루려면 무엇을 어떻게 해야 할까? 결국 윤리와 철학뿐이라는 결론에 다시 이르게 된다.

신유물론과 포스트휴머니즘

신유물론과 포스트휴머니즘은 현대사회의 새로운 사유 경향으로 인류세 시대에 가장 주목받는 철학 사조이다. 신유물론과 포스트휴머니즘 사고는 무엇이며 우리가 이를 통해 얻을 수 있는 것은 무엇일까?

신유물론은 지구 생태계를 구성하는 사물이나 물질 하나하나가 모두 중요하다는 것을 전제로 한다. 이 이론에 의하면 모든 물질은 고유의 속성에 따라 능동적으로 변화한다. 역동적이고 자율적인 힘을 가진 존재로 간주하는 것이다. 우리는 숲이나 강이나 바다 같은 자연을 마주할 때 이들이 모두 정지상태에 있다고 믿는다. 하지만 신유물론에 따르면 그들은 계속 변하고 있다. 단지 우리가 그것을 느끼지 못할 뿐이다. 인간과 자연의 시간 스케일이 다른 탓이다. 장기적인 관점에서 보면 이것들의 역동적인 변화를 인지하는 것이 가능하다.

신유물론은 동물, 식물, 자연, 기계 등 모든 사물을 스스로 움직이는 행위자로 규정한다. 비인간 존재의 중요성을 강조하면서 인간과 비인간의 이분법적 사고를 넘어서려는 시도라 할 수 있다. 인간을 중심에 놓는 사고를 거부한다.

모든 행위자는 독립적으로 존재할 수 없으며 서로 복잡하게 얽혀 있다고 말한다. 마찬가지로 인간과 비인간 행위자 간의 연결과 관계에 주목하는 행위자-네트워크 이론Actor-Network Theory, ANT 또한 신유물론의 한 형태라 할 수 있다. 철학자와 사회학자가 논하는 신유물론이나 행위자-네트워크 이론은 과학자가 활용하는 지구시스템 과학이나 사회생태 시스템 분석과 크게 다를 바 없다.

인류세가 시작된 이후 지구 생태계의 비인간 행위자들은 지속적으로 자극을 받았다. 충격이 쌓이면서 이들은 점점 예전의 무던함을 잃어갔다. 인간은 언제부턴가 이들이 능동적으로 반응하고 있음을 느끼기 시작했고 지금은 이들의 예기치 못한 움직임에 놀라는 중이다.

비인간 행위자들의 움직임과 반응을 정확하게 예상하기란 쉽지 않다. 지구를 구성하는 비인간 행위자들은 모두 연결되어 서로에게 영향을 미친다. 그 결과 행위자들의 반응은 비선형적으로 나타난다. 처음의 원인이 나중의 결과를 전부 설명하지 못한다. 즉, 원인을 안다고 해도 결과를 예측하기 어렵고, 결과를 통해서 원인을 밝히기도 어렵다. 신유물론은 이렇게 앞서 보았던 복잡계 이론과도 연결된다.

신유물론이 인류세에 살아가는 인간에게 전하는 핵심 내용은, 우리가 지구의 다른 행위자들을 자극했을 때 그 결과를 예측할 수 있다고 자신하면 곤란하다는 점일 것이다. 오만한 마음을 품는 순간 인류는 위험해진다. 돌무더기가 언제 머리 위로 쏟아질지 모르는 위험한 상황에 놓일 수 있다.

자연에 손을 대려 할 때에는 그 실행 여부를 두고 마지막까지 신중하게 숙고하는 과정을 거쳐야 한다. 어쩔 수 없는 이유로 자연에 손을 대야 하는 상황도 있을 수 있다. 그럴 경우 이 행위로 불거질 수 있는 여러 부작용을 최소화하는 방안을 미리 준비해야 한다. 여기서 부작용이란 인간에게만 해당되는 것이 아니다. 다른 모든 비인간 행위자가 겪을 수 있는 피해까지 포함한다.

인간의 행위에 따른 자연의 반응을 정확히 예측하기란 불가능에 가깝다. 자꾸 반복되는 이야기지만 지구를 구성하는 모든 행위자들이 복잡하게 얽혀서 상호 영향을 주고받기 때문에 인위적 교란의 결과가 어디로 튈지 그 누구도 예상하기 어렵다. 그래서 움직일 때 최대한 신중을 기해야 한다는 것이다. 이미 과거의 과오로 곤경에 처한 인류가 여전히 반성의 기미 없이 행동에 조심하지 않는다면 상황은 더욱 빠르게 나빠질 것이다. 인류세 위기 시대에 신유물론적 사유가 필요한 이유다.

포스트휴머니즘은 인류세 시대에 주목받는 또 다른 철학 사조로, 신유물론과 밀접하게 연결된다. 이 사유는 기술로 인간의 능력을 확장하는 트랜스휴머니즘도 포함하지만, 포스트휴머니즘의 주된 축은 페미니즘과 자주 결부되는 비판적 포스트휴머니즘이라 할 것이다.

비판적 포스트휴머니즘 학자들은 과거부터 이어지는 이분법을 타파하는 것이 현대사회에서 가장 시급하게 해결할 문제라고 주장한다. 남성과 여성, 백인과 유색인, 인간과 동물, 문화와 자연, 인간과 기계와 같이 대상을 둘로 구분해서 보지 말아야 한다는 것이다. 이분법적 사고는 내가 포함된 우리는 좋고 옳으며 그들은 나쁘고 틀리다고 생각함으로써 차별과 배제를 낳는다. 그리고 힘의 상대적 차이는 항상 존재하기 마련이므로 이원론적 시각은 사회적 갈등을 유발할 수밖에 없다. 즉, 한쪽이 우위에 서면 다른 한쪽은 열등한 존재로 전락한다. 그럼 전자가 후자를 핍박하게 되고 착취가 시작된다.

　포스트휴머니즘 학자들은 지금의 인류세 위기가 일부 집단의 오만함에서 비롯되었다고 주장한다. 모든 인류가 잘못을 저지른 것은 아니라는 이야기이다. 학자들이 범인으로 지목하는 대상은 과거 제국주의 국가의 백인 남성들이다. 이들은 근대의 이성과 계몽주의에 심취한 나머지 이분법적인 인간중심주의에 빠져 식민지 주민을 억압하고 자연을 훼손하며 자신의 부를 쌓았다. 이들에게 여성, 유색인, 원주민은 진정한 인간이 아니었다.

　이들이 식민지에서 자원을 수탈하고 플랜테이션 농장을 확장하면서 얻은 자본은 유럽 산업혁명의 밑거름이 되었다. 자본주의와 산업혁명으로 인류세의 싹이 돋았으니 이들이 지금의 위기에 책임을 져야 한다는 주장에는 분명 일리가 있다. 일부 비판적 포스트휴머니즘 학자들은 인류세보다는 자본세나 플랜테이션세가 현 시기의 이름으로 더 어울린다고 주장하기도 한다.

　포스트휴머니즘 또한 신유물론의 한 갈래이다. 인간중심주의를 비판하고 비인간 행위자들의 중요성을 강조한다. 인간과 비인간의 관계를 새롭게 재정립해야 인류세 위기를 풀 수 있을 거라 여긴다. 다시 말해 인간과 비인간의 경계를 허물고 공존과 공생을 모색해야 한다는 것이다. 이는 신유물론이 말하는 바와 동일하다.

포스트휴머니즘 학자들은 인류세 문제 해결에서 정치적 접근을 중시한다. 기후위기라는 엄청난 도전 앞에 사회가 탈정치화하고 전체주의로 흐르는 것을 경계한다. 인류세 위기를 일으킨 장본인들이 더 많은 책임을 지고 반성을 해야 한다고 외치는 이유도 여기에 있다. 과거 유럽의 백인 남성이 저지른 과오의 역사를 털고 가야 인류세의 위기를 이겨내고 앞으로 나아갈 수 있다는 뜻일 것이다. 현재 상황이 어려우니 과거는 덮고 가자는 식의 태도는 미래에도 비슷한 일이 반복될 위험성을 안고 가는 것인지 모른다.

미래에 시행착오를 재차 겪지 않으려면 과거에 대한 반성이 선행되어야 함은 물론이다. 그런데 우리가 현재 직면한 인류세 위기를 해결하려면 반성만으로는 부족하지 않은가. 반성 후에는 뭔가 해결의 움직임이 있어야 한다. 많은 사람들은 새로운 인간(포스트휴먼)부터 정립해야 한다는 이유로 당장 시급한 기후위기의 대응을 미뤄서는 안 된다고 생각할 것이다. 유럽의 백인 남성들이 잘못한 것이 맞다

하더라도 지금 그 잘잘못을 따지기에는 현 상황이 너무 위험하다고 느낄 수 있다.

전 지구인들이 합심해서 같이 노력해도 기후위기를 완화시킬 수 있을지 장담할 수 없다. 지금부터 모두가 같은 방향으로 빠르게 움직여야 하는 것이 맞다. 그런데 그렇게 되면 지금의 기후위기를 일으킨 이들이 져야 할 부담을 이와는 전혀 관계없는 사람이 함께 져야 하는 불공정한 국면이 전개될 수밖에 없다. 그래도 괜찮을까? 그리고 그럴 수 있을까?

미래 예측의 자료, 과거

포스트휴머니즘 학자들이 인류세 문제를 역사적으로 그리고 정치적으로 풀어가려고 하는 의도를 이해 못하는 것은 아니다. 그러나 다른 한편으로는 인류세 위기를 조장한 당사자를 밝히고 이의 책임 공방까지 벌이기에는 시간이 부족해 보이는 것이 사실이다.

미국 시카고 대학의 디페시 차크라바티Dipesh Charkrabarty는 역사학자임에도 인류세 문제를 좀 더 큰 규모로 지구과학적 시각에서 바라볼 것을 주문한다. 그는 인간의 역사와 자연사 간의 경계를 허물어야 한다고 생각하고 환경이 인간에게 미치는 영향을 강조한다. 환경사에 많은 관심을 보이며 문헌에 기초한 전통적인 인간사 연구에만 매달려서는 역사학의 미래는 어둡다고 말한다.

인간중심주의를 멀리하고 인간과 비인간의 관계를 중시하는 점에서 차크라바티의 견해는 비판적 포스트휴머니즘과 다를 바 없다. 단, 그는 인류를 단지 지구의 수많은 종 가운데 하나로 간주하면서 인류세 위기를 불러온 인간의 역사적 책임과 미래의 인간이 수행할 역할을 강조한다.

장구한 지구 역사를 감안할 때 호모 사피엔스는 극히 최근에 등장한 종이다. 게다가 이들이 가시적으로 지구에 영향을 미치기 시작한 것은 겨우 수십 년 전이다. 우리가 수십억 년의 지구 역사에 관심을 갖는 순간 호모 사피엔스가 자연을 훼손하는 속도가 얼마나 빠른지를 인지하게 된다. 놀라움을 넘어 두려움까지 느끼게 된다.

차크라바티는 이제 인간이 자연을 지배하려 들면 안 되며 자연의 일부로서 공존을 꾀해야 한다고 말한다. 그는 인류를 호모 사피엔스라는 하나의 단일한 생물종으로 바라보면서 지구 행성에 대한 인류 전체의 책임을 중시한다. 이런 점에서 비판적 포스트휴머니즘 학자와는 약간 결을 달리한다고 볼 수 있다.

그에 따르면 지구는 모든 것을 제공하는 거대한 대지가 아니다. 우주에 떠 있는 수많은 행성 가운데 특별할 것도 없고 취약하기만 한 작은 행성일 뿐이다. 인간은 자기 자신과 다른 행위자의 생존을 위해 이 미약한 행성을 지속 가능하고 거주 가능한 공간으로 만들고 유지하기 위해 노력해야 한다. 인간은 지구에서 살아가는 하나의 종, 그 이상도 그 이하도 아니다. 과거에 그랬듯이 인간이 다른 종들을 괴롭히고 그들의 생존을 위협할 권리는 어디에도 없다.

차크라바티는 미래 인류세에 적절히 대응하려면 과거를 더 정확히 알아야 하고 지질시대에도 관심을 가져야 한다고 주장한다. 그는 관심을 역사시대에 국한하지 말고 시각을 시공간적으로 넓혀야 인류세의 속성을 파악할 수 있다고 본다. 시간과 공간을 넓게 봐야 지금의 인류세 위기가 어떤 과정을 거쳐 발생한 것이고 어떤 면에서 문제인지를 알 수 있다는 것이다. 기존 역사학자들이 해온 대로 역사 문헌만 분석해서는 인류세 문제를 낳은 과거 수천 년 동안의 인간의 행위를 제대로 밝힐 수 없다. 전통적인 역사학으로는 역부족이다.

　과거 이야기는 잠시 미뤄두자. 앞으로가 더 중요하니까. 당연한 말이지만 지구는 하나뿐이다. 현재 우리의 거주 공간인 지구를 대상으로 하는 실험은 불가하다. 만약 실험을 통해 지구의 티핑 포인트가 +1.5℃에 있는지 +2℃에 있는지 +4℃에 있는지 아니면 다른 온도에 있는지 알 수만 있어도 사람들을 설득시키기가 훨씬 쉽겠지만, 임계점을 모르는 상태에서 사람들이 적극적으로 움직일 것을 기대하기란 솔직히 어렵다. 현재 겪고 있는 다른 사회 문제들도 무수히 많은데 먼 미래 일로 느껴지는 인류세 문제 해결에 당장 발 벗고 나서기는 쉽지 않다. 기후위기나 생태계 위기는 시급하게 처리해야 하는 문제가 아니니 우선 발등의 불부터 처리하자는 의견에 치일 것이다. 그렇지만 이렇게 계속 뒤로 미루다가 작은 교란에 그칠 것이 큰 파장으로 이어진다면 그땐 누가 책임을 질 것인가?

　실험은 말이 안 되더라도, 모델링과 시뮬레이션을 통해 티핑 포인트를 추정하는 것은 가능하지 않을까? 안타깝지만 어느 누구도 신뢰할 만한 티핑 포인트를 제시하기는 힘들 것이다. 시뮬레이션은 현실 세계의 모델링에 기반하는

데, 현실의 모든 변수와 상호작용을 완전히 반영하기 어렵기 때문에 완벽하고 정확한 모델이 존재하지 않는다. 더 큰 문제는 시뮬레이션이 초기 조건과 가정에 크게 좌우된다는 점이다. 초기 조건의 작은 차이 혹은 잘못된 가정이 결과에 많은 영향을 미친다.

미래의 기후를 예측할 때 가장 중요한 '가정'은, 앞으로 인간이 온실가스를 얼마나 배출할 것인가가 될 것이다. 그러나 인류가 미래에 취할 행동까지 과학자가 예측할 수는 없다. 미래의 기후를 예측하는 일은 어찌 보면 자연과학이 아니라 인문학의 영역일지 모른다. 인류세의 위기 극복에 철학이나 윤리의 역할이 클 수밖에 없는 이유다.

미래를 예측하는 일은 매우 어렵다. 수많은 가정과 불확실성을 내포하므로 학문의 영역을 벗어나기도 한다. 뛰어난 학자일수록 미래 이야기는 삼간다. 자신의 명성에 누만 될 뿐이라는 것을 잘 알기 때문이다. 과거를 복원하는 작업 또한 마찬가지로 많은 가정과 불확실성으로 점철된다. 그래도 미래를 예측하는 것보다는 더 확실한 편이다. 우리는 과거로부터 미래의 변화에 대처할 때 유용하게 쓰일 수 있는 정보들을 충분히 얻을 수 있다.

다시 과거 이야기이다. 최근에 빅히스토리 분야가 인기를 얻고 있는 것도 비슷한 맥락에서 이해할 수 있다. 미래의 불확실성으로 인해 사람들은 과거에 관심을 갖게 된다. 칼 세이건의 《코스모스》, 제레드 다이아몬드의 《총·균·쇠》, 유발 하라리의 《사피엔스》 등 빅히스토리를 내걸고 전 세계적으로 공전의 히트를 친 책들이 많다. 최근 들어 빅히스토리를 다루는 책은 더욱 늘고 있다. 전통적인 역사책이 인간사를 주로 다룬다면, 빅히스토리 관련 책은 기본적으로 환경사에 초점을 맞추므로 인류세의 환경 교란을 많이 다룰 수밖에 없다. 따라서 이런 책이 시중에서 인기를 얻을수록 미래의 인류세 위기와 관련된 대중의 관심은 더욱 커질 가능성이 크다. 빅히스토리를 다룬 책이 많이 출간되고 팔리는 것은 위기에 빠진 지구 생태계에게 여러모로 도움이 되는 일이다.

더불어 고고학, 고기후학, 고환경학, 고생물학, 고생태학 등 과거의 환경변화를 연구하는 분야가 최근 들어 많은 주목을 끌고 있다. 과거를 연구하는 각 학문별로 고유한 존재 이유가 있겠지만, 미래에 도움이 되는 유용한 정보를 과거에서 발굴하는 것은 이러한 학문들이 공통적으로 갖는 연구 의의라 할 것이다. 예를 들어 먼 과거를 연구하는 학자들은, 환경이 자연적으로 어떠한 변화를 겪었고, 인간은 그런 환경변화에 어떻게 대처했으며, 인간의 대처는 환경을 어떻게 바꿨고, 그 환경변화는 인간에게 다시 어떠한 영향을 미쳤는지 등, 환경과 인간의 상호작용을 전 세계 곳곳에 분포하는 과거 유물이나 시료들을 분석해서 알아낸다. 여기서 얻은 자료를 근거로 자연적인 환경변화뿐 아니라 이에 대응하는 인간 사회의 행동양식까지도 추정할 수 있다. 완전하지는 않겠지만 미래 예측에 도움이 될 만한 힌트는 충분히 찾을 수 있다.

과거는 조상들이 환경변화에 대처하면서 저지른 실수 혹은 성공 과정을 보여주기도 한다. 가령, 선조들이 기후변화 적응, 지속 가능한 농경, 화재 관리, 환경오염의 저감, 토양침식의 방지에 어떻게 성공하고 실패했는지를 우리가 밝힐 수 있다고 가정해 보자. 앞으로 우리가 나아갈 방향을 잡을 때 이러한 정보들은 필수적인 나침판이 될 것이다.

또한 인류세의 지구환경 변화가 극심한 것은 분명 인간의 신중하지 못한 행위에 따른 것이지만, 동시에 자연적인 요인도 지구환경에 지속적으로 영향을 미치고 있음을 유넘해야 한다. 인류세 문제의 해결을 꾀한다면 인간이 지구를 훼손해서 나타나는 변화와 자연적으로 나타난 변화를 구분할 수 있어야 한다. 그럼 이를 어떻게 분리해서 밝힐 수 있을까? 인위적 교란이 없던 과거로 돌아가서 그때의 지구를 이해하면 된다. 자연적인 변화는 보통 특정한 주기를 갖는다. 과거에 대한 연구의 대다수는 이러한 주기를 찾는 과정이다. 현재 우리가 겪고 있는 위기의 실체를 파악하고 미래를 예측하려면 과거의 지구부터 아는 것이 선행 조건이다.

인간은 자연환경을 무분별하게 훼손하면서 인류세 위기를 불러왔다. 자연생태계를 원 모습으로 되돌리는 '환경 복원'은 우리에게 닥친 위기를 완화할 수 있는 방법 가운데 하나이다. 이때 환경 복원의 성패는 복원의 기준이 되는 원형을 제대로 찾을 수 있는지의 여부가 결정할 것이다. 우리가 원 모습을 정확히 알고 있어야 복원의 결과가 생태계의 건강 회복에 실질적인 도움을 줄 수 있다. 과거를 정확하게 많이 아는 것은 이런 면에서도 중요한 가치를 지닌다.

과거 정보를 꾸준히 축적하고 이를 미래 대비에 적극 활용할 필요가 있다. 인류와 지구의 지속 가능성을 획기적으로 높일 수 있는 길이 과거 어딘가에 숨어 있는지 모른다. 인류세 시대에 과거의 가치는 점점 더 오르고 있다.

더 나은 미래를 꿈꾸며

마지막 4부에는 다분히 주관적인 내용이 많이 담긴 듯하다. 책을 마무리하면서 '우리는 인류세 위기를 맞아 어떻게 살아가야 하는가'라는 물음에 개인적인 답을 내놓지 않을 수 없었다. 기후위기, 생태계 위기, 환경오염, 기후난민 등의 인류세 문제를 풀기 원한다면 우리는 사고와 가치의 대전환을 이루어야 한다. 인류세 문제들은 매우 다양하며 서로 복잡하게 얽혀 있기 때문에 간단하게 해결할 수 있는 방법이란 존재하지 않는다. 사람들이 당장 취할 수 있는 시장 기반의 접근 방식이나 과학기술을 활용한 지구공학은 단기적으로 인류세 위기를 완화하는 데 도움이 되겠지만 장기적으로 기대만큼의 파급력을 발휘하기는 힘들 것이다.

과학기술이나 시장에만 의존할 것이 아니다. 인류세에 적합한 윤리와 철학을 정립하고 이를 토대로 사회의 가치를 점진적으로 바꿔나가는 것이 중요하다. 더불어 과거에 좀 더 관심을 기울여야 한다. 미래의 위기에 대처할 수 있는 방안들을 과거에서 찾을 수 있다고 본다.

무엇보다 우리 모두 인류세 위기를 충분히 넘어설 수 있다는 긍정적인 사고를 다져야 한다. 부정적인 생각은 포기를 부르고 상황을 악화시킬 뿐이다. 한마음 한뜻으로 최선의 노력을 다해 지구를 살리자. 그리고 인류의 보다 나은 미래를 꿈꾸자.

탄소 중립을 위해서 국가는 어떠한
노력을 해야 하는가?

당연히 온실가스 배출량부터 줄여야 한다. 우선
탄소 배출권이나 탄소 국경세와 같은 시장 기반의
해결 방안을 전 세계에서 통용될 수 있는 제도로
다듬어 낼 필요가 있다. 또한 국가가 재생에너지
의 인프라 투자와 보조금을 늘리면서 재생에너지
의 비중을 높이는 정책을 적극 추진해야 한다.

탄소 포집 및 저장^{CSS}이나 스마트그리드(지능형
전력망)와 같은 온실가스 저감 기술의 연구를 지원

할 필요도 있다. 정부와 지자체가 대중교통 사용을 유도하고 도시 내 녹지 공간을 확대하는 것도 도움이 된다. 삼림과 습지 등의 탄소흡수원을 복원하고 지속 가능한 유기농법을 장려하는 것도 탄소 중립에 기여할 수 있는 방법이다.

전 세계 국가들은 파리 협정과 같은 국제 기후 협약을 준수하고 힘들더라도 대내외에 약속한 국가온실가스감축목표를 달성하기 위해 노력해야 한다. 선진국들이 개발도상국이나 미개발국의 탄소저감 노력을 기술력과 재정으로 뒷받침하는 것도 전 지구의 온실가스 배출량을 감축하는 데 필수불가결하다.

그리고 개개인은 어떠한 노력을 해야 하는가?

개인 한 명의 실천이 탄소 중립이라는 거대한 목표에 얼마나 기여할 수 있을까 하고 의구심이 생기는 것이 당연하다. 그러나 개인의 노력이 일으킨 변화가 모여서 큰 차이를 가져올 수도 있다. 별 가치 없는 일이라고 폄하해서는 안 된다. 그럼 탄소 배출을 줄이기 위해 개인이 할 수 일에는 어떠한 것들이 있을까?

대중교통을 이용하고 비행기 여행을 줄인다. 소비를 절제하고 필요한 물건만 산다. 일상생활에서 에너지를 절약한다. 예를 들면, 적정한 실내 온도를 유지하고 건물의 단열 기능을 높인다. 에너지 효율이 높은 가전제품을 쓴다. 필요하지 않은 불은 끄고 에너지 효율이 높은 LED 전구로 조명을 교체한다.

육류 소비를 줄이고 채식의 비중을 높인다. 음식물 쓰레기를 줄인다. 자기 지역에서 생산된 식품을 구매한다. 일회용품 사용을 줄인다. 재사용과 재활용을 하면서 쓰레기를 줄인다. 친환경 기업의 제품을 구매한다.

기후변화, 생태계와 관련된 지식을 적극적으로 배우고 지식을 공유한다. 주변의 가까운 사람

들에게 지구 생태계 보호와 기후 정의의 중요성을
알린다. 정부와 지자체의 환경 정책에 열심히 참
여하고 자신의 의견을 개진한다. 환경 보호 단체
를 돕는다.

대부분 우리가 상식적으로 알고 있는 내용이지
만 실천하기는 쉽지 않다. 그래도 불편함을 감수
하고 습관처럼 행하다 보면 차차 익숙해지는 때가
오지 않을까. 인류세의 파고를 넘을 수 있다는 희
망과 함께 말이다.

우리는 스스로 파괴한 지구와 화해할 수 있을까?

인간과 환경은 에너지와 물질을 끊임없이 주고받는다. 그 과정에서 벌어지는 일을 이해할 때 우리는 인간 중심적인 사고에서 벗어날 수 있다. 인간도 지구 생태계의 일부분일 뿐이다. 생태계를 구성하는 것들은 서로 모두 연결되어 있다. 다른 것들이 생존해야 인간도 생존 가능하다. 그러나 인간은 오랫동안 성장만을 추구하면서 지구를 구성하는 나머지 요소들을 훼손하고 교란시켰다.

지구의 자연 생태계는 우리가 마음 내키는 대로 이용하고 대충 내버려 둬도 되는 대상이 아니다. 적극적인 보존과 보호를 필요로 한다. 물론 인류도 지구 생태계의 일부일 뿐인데 인류가 전체 지구를 보존하고 보호해야 한다니 아이러니하게 들릴 수 있다. 과연 인류가 지구를 보호할 수는 있는 것일까?

인간의 잠재력이 어떠하든 간에 인간은 거대한 지구시스템의 일부 구성 요소일 뿐이라는 명제는 옳다. 그러나 산업혁명, 질소 비료 생산, 녹색혁명을 통해 급증한 인구가 자원을 남용하면서 지구에 가한 생태적 압박은 자연적인 기후 순환 주기를 깨뜨릴 정도로 강력했다.

그런데 이렇게 엄청난 영향력을 자랑하는 인류가 지구의 다른 물질 요소들 또한 중요하다는 사실을 깨닫고 이들과 공존을 꾀하는 식으로 사고의 대전환이 이뤄진다고 가정해 보자. 인간을 포함하여 지구의 모든 구성 요소들이 상호 조화롭게 영향을 주고받으면서 지구는 균형을 되찾을 것이다. 인류가 공생을 추구하면 지구 생태계는 충분히 제 모습을 유지할 수 있다.

인간은 체내와 피부에서 살아가는 수많은 미생물의 도움 없이는 생존이 불가능한 공생체들의 집합이다. 또한 우리의 몸은 섭식과 배설을 통해 끊임없이 신체의 내·외부를 오가는, 즉 우리와 환경 사이를 오가는 여러 원소들로 이루어져 있다. 지구 생태계를 우리 몸과 같이 아끼고 돌봐야 하는 이유는 멀리 있지 않다. 생태계의 요소들은 모두 각자에게 주어진 역할을 알게 모르게 수행하고 있으며 가시적이지 않지만 복잡한 연결망을 구성한다. 인류가 환경위기를 극복하고 생존하려면 지구시스템을 구성하는 다른 모든 것들이 자기 자리에서 제 기능을 유지하며 온전하게 버티고 있어야 한다. 인간의 과한 욕심이 예상치 못한 부작용을 불러오기 전, 지구의 비인간 행위자들은 활발한 상호작용을 토대로 동적인 균형을 이루는 것에 별다른 어려움을 겪지 않았다.

지구 생태계는 교란을 무마하는 저항력과 안정을 유지할 수 있는 회복력을 갖고 있다. 본문에서도 언급했지만 학자들은 이러한 지구를 가이아라 부르며 자기치유 능력을 지닌 유기체에 비유하기도 한다. 하지만 주변을 고려하지 않는 인류의 탐욕스러운 행위가 앞으로도 계속된다면 결국 가이아의 친절함과 선량함은 사라지고 참을성을 잃은 가이아의 분노만 남아 지구상의 모든 생명체를 위협할 것이다.

포스트휴머니즘은 르네상스 시기부터 대두된 '휴머니즘'을 초월하고 극복하려는 움직임이다. 현대사회에서 휴머니즘은 인간의 존엄성을 보장하고 인권을 증진시키는

데 핵심적인 역할을 해왔다. 그러나 다른 한편으로 휴머니즘이 인간 중심주의로 경도되면서 환경에 심각한 문제를 일으킨 것도 사실이다. 포스트휴먼이란 휴머니즘을 극복한 인간으로 스스로를 지구 생태계의 중심에 위치시키지 않는다. 그리고 자신을 지구 생태계를 구성하는 수많은 요소 가운데 하나일 뿐이라는 겸허한 마음을 갖는다. 이들은 자신의 위치를 성찰하며 과학기술을 향한 교만함을 버리려 노력하는 인간이다.

여전히 휴머니즘과 이성이 인간 사상을 주도하던 20세기 초, 독일의 실존주의 철학자 마르틴 하이데거는 '인간은 주변의 여러 사물들과 밀접하게 연결된 상태로 존재한다'는 새로운 사유에 심취했다. 자고로 자연으로부터 분리될 수 있는 인간은 없으며 인간과 자연은 서로를 보완한다고 생각했다. 인간의 본질을 파악하려 하지 않고 현실 속의 인간 존재에 주목하다가 얻은 믿음이었다. 이는 하이데거에 앞서 반이성주의적 시류를 이끌었던 쇼펜하우어와 니체의 사고방식과 유사했다.

하지만 포스트휴머니즘의 원천으로 여겨지는 하이데거 철학조차 인간중심주의에서 벗어나지 못했다. 하이데거는 인간과 동물을 완전히 다른 존재로 바라봤다. 철학적 사유가 가능한 인간과 본능에 지배당하는 동물 간에는 차이가 있을 수밖에 없다는 것이 그 이유였다.

현대의 포스트휴머니즘은 우리에게 모든 인간중심적 사고를 철저히 버릴 것을 요구한다. 너무 과하다는 느낌도 들지만 그렇지 않으면 기후위기와 생태계 문제로부터 지구를 지켜내기 어려울 것이라는 절박한 심정 또한 충분히 이해된다. 점점 인류세의 위협이 우리에게 현실로 다가오고 있다. 지금은 '휴머니즘'에서 '포스트휴머니즘'으로 사고방식의 전회를 모색해야 할 때다. 우리가 인간과 인간 너머의 모든 생물과 사물이 공존하는 지구를 원한다면 말이다.

지구를 살리려는 우리의 노력이 재생에너지의 비중을 높이고 탄소 중립에 이르는 정도에서 그쳐서는 안 된다. 기후위기의 완화로는 충분하지 않다. 지구와 모든 비인간 존재를 아끼고 보살피는 것을 최종 목표로 정해야 한다. 그 누구든 지구에 덩그러니 혼자 남는 존재가 되고 싶지는 않을 터, 미래의 지구는 누구에게나 거주 가능한 공간이 되어야 할 것이다.

주석

1. Park, J. et al., 2023. "Mid-to-late Holocene climate variability in coastal East Asia and its impact on ancient Korean societies." *Scientific Reports*, 13, 15379.

2. ibid.

3. Steffen, W. et al., 2018. "Trajectories of the Earth System in the Anthropocene." *Proceedings of the National Academy of Sciences*, 115(33), 8252-8259.

1. 가이아 빈스, 2024. 《인류세 엑소더스》, 김명주 옮김. 곰출판.

2. 김환석, 2022. 〈기후위기, 문명의 전환과 생태계급: 신유물론 관점〉.《경제 와사회》, 47~86쪽.

3. 디페시 차크라바르티, 2023. 《행성 시대 역사의 기후》, 이신철 옮김. 에코리 브르.

4. 로지 브라이도티, 2022. 《포스트휴먼 지식》, 김재희·송은주 옮김. 아카넷.

5. 박정재, 2021. 《기후의 힘》, 바다출판사.

6. 브뤼노 라투르, 2021. 《지구와 충돌하지 않고 착륙하는 방법》, 박범순 옮김, 이음.

7. 얼 엘리스, 2021. 《인류세》, 김용진·박범순 옮김. 교유서가.

8. 에릭 잠파 앤더스, 2024. 《보이지 않는 존재들》, 김성환 옮김. 한문화.

9. 요한 록스트룀, 오웬 가프니, 2022. 《브레이킹 바운더리스: 기후 위기를 극 복하기 위한 담대한 과학》, 전병옥 옮김. 사이언스북스.

10. 조엘 웨인라이트, 제프 만, 2023. 《기후 리바이어던 : 지구 미래에 관한 정치 이론》, 장용준 옮김. 앨피.

11. 줄리아 애드니 토머스, 마크 윌리엄스, 얀 잘라시에비치, 2024. 《인류세 책: 행성적 위기의 다면적 시선》, 박범순·김용진 옮김. 이음.

12. 클라이브 해밀턴, 2018. 《인류세》, 정서진 옮김. 이상북스.

13. Biermann, F. 2021. "The future of 'environmental' policy in the Anthropocene: time for a paradigm shift." *Environmental Politics*, 30(1-2), 61-80.

14. Ceballos, G., Ehrlich, P. R., Barnosky, A. D.. et al., 2015. "Accelerated modern human – induced species losses: Entering the sixth mass extinction." *Science Advances*, 1(5), e1400253.

15. de Lafontaine, G., Napier, J. D., Petit, R. J. et al., 2018. "Invoking adaptation to decipher the genetic legacy of past climate change." *Ecology*, 99(7), 1530-1546.

16. Fox, N. J., & Alldred, P. 2020. "Sustainability, feminist posthumanism and the unusual capacities of (post) humans." *Environmental Sociology*, 6(2), 121-131.

17. Geisen, S., Wall, D. H., & van der Putten, W. H. 2019. "Challenges and opportunities for soil biodiversity in the anthropocene." *Current Biology*, 29(19), R1036-R1044.

18. Hallmann, C. A., Sorg, M., Jongejans. et al., 2017. "More than 75 percent decline over 27 years in total flying insect biomass in protected areas." *PLoS One*, 12(10), e0185809.

19. Haraway, D. 2015. "Anthropocene, capitalocene, plantationocene, chthulucene: Making kin." *Environmental Humanities*, 6(1), 159-165.

20. Hughes, T. P., Anderson, K. D., Connolly, S. R.. et al., 2018. "Spatial and temporal patterns of mass bleaching of corals in the Anthropocene." *Science*, 359(6371), 80-83.

21. Hulme, M. 2019. "Climate emergency politics is dangerous." *Issues in Science and Technology*, 36(1), 23-25.

22. Lewis, S. L., & Maslin, M. A. 2015. "Defining the anthropocene." *Nature*, 519(7542), 171-180.

23. McCarthy, F. M., Patterson, R. T., Head, M. J. et al., 2023. "The varved succession of Crawford Lake, Milton, Ontario, Canada as a candidate Global boundary Stratotype Section and Point for the Anthropocene series." *The Anthropocene Review*, 10(1), 146-176.

24. McDonald, J. N. 1984. "The Reordered North American Selection

Regime and Late Quaternary Megafaunal Extinctions." In P. S. Martin & R. G. Klein (Eds.), *Quaternary extinctions: A prehistoric revolution* (pp. 404–439): University of Arizona Press.

25. McDonald, M. 2023. "Geoengineering, climate change and ecological security." *Environmental Politics*, 32(4), 565–585.

26. Myers, N., Mittermeier, R. A., Mittermeier, C. G. et al., 2000. "Biodiversity hotspots for conservation priorities." *Nature*, 403(6772), 853–858.

27. Park, J., Bahk, J., Park, J. et al., 2023. "Mid-to-late Holocene climate variability in coastal East Asia and its impact on ancient Korean societies." *Scientific Reports*, 13(1), 15379.

28. Park, J., Park, J., Yi, S. et al., 2019. "Abrupt Holocene climate shifts in coastal East Asia, including the 8.2 ka, 4.2 ka, and 2.8 ka BP events, and societal responses on the Korean peninsula." *Scientific Reports*, 9(1), 10806.

29. Steffen, W., Broadgate, W., Deutsch, L.. et al., 2015. "The trajectory of the Anthropocene: the great acceleration." *The Anthropocene Review*, 2(1), 81–98.

30. Steffen, W., Richardson, K., Rockström, J.. et al., 2020. "The emergence and evolution of Earth System Science." *Nature Reviews Earth & Environment*, 1(1), 54–63.

31. Steffen, W., Rockström, J., Richardson, K. et al., 2018. "Trajectories of the Earth System in the Anthropocene." *Proceedings of the National Academy of Sciences*, 115(33), 8252–8259.

32. Zhang, P., Cheng, H., Edwards, R. L. et al., 2008. "A test of climate, sun, and culture relationships from an 1810-year Chinese cave record." *Science*, 322(5903), 940–942.

KI신서13169

인간의 시대에 오신 것을 애도합니다

1판 1쇄 인쇄 2024년 11월 29일
1판 1쇄 발행 2024년 12월 11일

지은이 박정재
펴낸이 김영곤
펴낸곳 ㈜북이십일 21세기북스

서가명강팀장 강지은 **서가명강팀** 강효원 서윤아
디자인 표지 THIS-COVER **본문** 푸른나무디자인
출판마케팅팀 한충희 남정한 나은경 최명열 한경화
영업팀 변유경 김영남 강경남 황성진 김도연 권채영 전연우 최유성
제작팀 이영민 권경민

출판등록 2000년 5월 6일 제406-2003-061호
주소 (10881) 경기도 파주시 회동길 201 (문발동)
대표전화 031-955-2100 **팩스** 031-955-2151 **이메일** book21@book21.co.kr

(주)북이십일 경계를 허무는 콘텐츠 리더

21세기북스 채널에서 도서 정보와 다양한 영상자료, 이벤트를 만나세요!
페이스북 facebook.com/jiinpill21   포스트 post.naver.com/21c_editors
인스타그램 instagram.com/jiinpill21   홈페이지 www.book21.com
유튜브 youtube.com/book21pub
서울대 가지 않아도 들을 수 있는 명강의! 〈서가명강〉
유튜브, 네이버, 팟캐스트에서 '서가명강'을 검색해보세요!

ⓒ 박정재, 2024

ISBN 979-11-7117-948-0 04300
    978-89-509-7942-3 (세트)